0~3세
영어 말문을
트는
결정적 순간

아이와 교감하는 영어 그림책 학습법
0~3세 영어 말문을 트는 결정적 순간

지은이 오로리맘
펴낸이 임상진
펴낸곳 (주)넥서스

초판 1쇄 인쇄 2024년 3월 05일
초판 1쇄 발행 2024년 3월 10일

출판신고 1992년 4월 3일 제311-2002-2호
주소 10880 경기도 파주시 지목로 5
전화 (02)330-5500 팩스 (02)330-5555

ISBN 979-11-6683-666-4 13740

www.nexusbook.com

아이와 교감하는 영어 그림책 학습법

0~3세
영어 말문을
트는
결정적 순간

오로리맘 지음

넥서스

엄마표 영어의
골든타임

엄마표 영어, 왜 0~3세일까

돌쟁이 아기에게 영어를 가르치겠다고 하면 주변의 시선은 곱지 않습니다. "우리말도 못 하는 어린애한테 무슨 영어냐", "그러다 모국어 발달 지연이라도 오면 어떡하냐"가 대표적인 반응이지요. 저 역시 그런 사람들 중 하나였습니다. 하지만 저희 아이가 4살이 된 지금, 저는 0~3세야말로 영어를 모국어처럼 익힐 수 있는 최적의 시기라고 생각합니다.

이 시기의 아이들은 "나는 우리말이 더 편한데 왜 영어를 해야

해?"같은 의문을 가지지 않습니다. 어떤 언어든 편견 없이 흡수하는 백지 상태이기 때문에 엄마를 '엄마'로도, 'Mom'으로도 부를 수 있다는 것을 당연하게 받아들입니다. 처음부터 자신의 세계에 두 언어가 공존하는 경험을 할 수 있는 시기는 0~3세가 유일합니다. 엄마라는 창(窓)을 통해 세상을 알아가기에, 애착을 바탕으로 영어에 대한 친밀감을 쉽게 이끌어 낼 수도 있습니다.

또, 인지 수준과 영어 수준이 비슷해서 영어 그림책에 더 쉽게 흥미를 붙일 수 있습니다. 영어를 늦게 접하는 아이들이 겪는 어려움 중 하나는 수준에 맞으면서 재미있는 그림책을 찾기가 어렵다는 것입니다. 즉 내용이 흥미로운 책은 영어가 어렵고, 영어 수준이 맞는 책은 내용이 시시할 때가 많은 것이지요. 그래서 자칫 영어는 너무 어렵다는 두려움을 갖거나 영어책은 우리말책보다 재미가 없다는 편견이 생길 수 있습니다. 반면 0~3세 아이들은 단어 하나짜리 그림책부터 시작해서 점차 인지 발달 단계에 맞는 영어책을 폭넓게 즐길 수 있습니다.

엄마 입장에서도 이 시기에는 아이의 아웃풋 압박이나 학습 부담감이 없습니다. 어차피 우리말도 완성되지 않았기 때문에 영어 발화가 즉각 나오지 않아도 조급하지 않습니다. 기대치가 워낙 낮으니 조금이라도 알아듣는 눈치면 그저 반갑습니다. 하나라도 더 가르쳐야 한다는 부담 없이 일상에 스며들듯 영어를 접하게 할 수 있습니다.

그렇기에 아이가 영어라는 언어를 낯설고 불편해하지 않는다면, 0~3세부터 엄마표로 아이의 영어 감각을 길러주는 것이 좋습니다.

0~3세 엄마표 영어, 무엇이 달라야 할까

현재 널리 유행하는 엄마표 영어 방식은 아이에게 영어 동영상을 틀어 주는 것입니다. 영어에 대한 아이의 흥미를 유발하면서도 엄마의 수고로움이 덜하다는 장점 덕분입니다. 하지만 0~3세 아이들에게조차 영상 노출을 권하기에는 영 마음이 불편합니다. 소위 말하는 '순한 맛' 영상도 결국 영상은 영상입니다. 부모 입장에서 썩 내키지는 않지만 엄마표 영어를 하려니 '대안이 없어서' 어쩔 수 없이 보여주는 경우가 대부분입니다.

제가 이 책을 통해 이야기하고 싶은 것은 바로 그 '대안'에 관한 것입니다. 전공으로 배운 영어 습득 이론과 제 아이를 직접 관찰하며 터득한 노하우를 종합했을 때, 저는 오감을 통해 영어 그림책을 접하고 그 영어를 일상 속 경험과 연계하는 것이 가장 효과적이라는 것을 깨달았습니다.

갓난아기라 그림책의 의미를 완전히 이해하지 못해도 괜찮습니다. 엄마의 음성이 따뜻하고 포근하다는 것을 느낄 수 있다면 충분합니다. 그렇게 소리 감각을 쌓다 보면 차차 영어의 소리와 의미 간의 대응 관계를 깨치게 됩니다. 이런 경험에 더하여, 그림책 속 영어를 일상생활로 확장해 주면 아이는 영어를 우리말처럼 습득할 수 있습니다.

이 책에서는 그 전 과정을 훑어볼 수 있도록, 영어 그림책이 필요한 이유(PART 2), 마더구스가 중요한 이유(PART 3), 좋은 그림책을 고르는 법(PART 4), 그림책 속 문화를 이해하는 법(PART 5), 효과적으로 읽어 주는 법(PART 6), 그림책을 실생활과 연계하는 법(PART 7), 영어의 기초를 다지는 법(PART 8), 어휘 감각을 기르는 법(PART 9), 소리 감각을 기르는 법(PART 10), 이중 언어 환경을 조성하는 법(PART 11) 등을 상세하게 소개했습니다.

육아하랴 일하랴 정신없는 와중에 오늘도 아이를 떠올리며 최선을 다하고 있을 엄마들에게 이 책이 작은 도움이 되기를 소망해 봅니다.

목차

PART 1

내가 배운 영어,
아이가 배울 영어

전공자 엄마의 엄마표 영어 고민

저는 9살 때 책장에서 우연히 발견한 알파벳 책을 계기로 영어에 빠져들었습니다. 처음 보는 글자가 너무 신기하고 매력적이었고 카세트테이프 속 영어 발음도 근사하게 들렸습니다.

그리고 그때부터 영어를 더 알고 싶어서 안 해 본 방법이 없습니다. 항상 전자사전을 끼고 살면서 영어 단어를 찾아보고 귀가 트일 때까지 카세트테이프를 수십 번 돌려 들었습니다. 드라마나 영화를 볼 때도 유별나게 영어로 된 것을 찾았습니다. 그리고 자연스럽게 서울대학교 영어영문학과에 진학했습니다.

대학 때는 영어 과외를 많이 했는데, 특히 유치부를 대상으로 영어를 가르친 경험은 아이들의 언어 발달에 관심을 갖는 계기가 되었습니다. 전공 과목이었던 응용언어학 Applied Linguistics 수업에서 비영어권 아이들의 영어 습득 현상을 공부할 때는 어떻게 하면 아이들이 효과적으로 영어를 배울 수 있을까 고민했습니다.

대학 졸업 후에는 해외 자문 업무가 많은 로펌에서 일하면서 영어 원어민들의 영어가 교과서의 영어와 다른 상황을 자주 접했습니다. 저의 시행착오를 거울삼아 제 아이에게는 원어민의 자연스러운 영어를 익히게 하고 싶었습니다. 그리고 이후 2020년 3월 귀여운 딸 오로리를 낳았습니다.

이렇게 제 인생이 영어를 외국어로서 습득한 과정 그 자체였기 때문에 저는 아이를 임신했을 때부터 엄마표 영어를 어떻게 할지 생각했습니다. 당시 제가 고민했던 포인트는 다음 세 가지였습니다.

첫째, 영어 '공부'가 아닌, '언어'로서의 영어를 접하게 하려면?

둘째, 동영상 없이 엄마와의 애착을 다지면서 영어도 익히려면?

셋째, 하루 30분 정도로 최대한의 효과를 보려면?(저는 아이가 생후 백일 정도일 때 회사에 복직했고, 저희 아이는 두 돌 때까지 저녁 8시면 잠들었기 때문에 엄마표 영어에 들일 수 있는 시간은 하루 30분이 최대였습니다.)

제가 생각해 낸 최선의 방식은 ①영어 그림책을 ②실생활로 확장해서 ③엄마와의 영어 상호 작용을 강화하고 ④영상이 아닌 음원으로 소리의 인풋을 보충하는 것이었습니다.

언어로서의 영어 습득

이 과정에서 제가 가장 중요하게 생각한 점은 공부가 아닌 언어로서 영어를 습득하게 하는 것이었습니다.

고등학교에서는 수능 시험을, 대학에서는 토익 시험을, 직장에서는 사내 승진 시험을 거치면서 우리는 영어 점수로 인해 인생이 달라지는 경험을 수없이 했습니다. 그래서 '영어'라는 말을 들었을 때 가장 먼저 떠오르는 단어는 보통 '영어 공부'나 '영어 시험'인 경우가 많습니다.

저는 대학 시절 과외를 하면서 부모의 이러한 인식이 아이에게로 이어지는 것을 자주 보았습니다. 아이가 영어의 소리에 충분히 익숙해지기도 전에 알파벳부터 공부하게 하고, 학습용 교재를 읽은 뒤 문제 풀이를 하고, 단어장을 암기하게 하는 학부모님이 너무나도 많았던 것입니다. 대체로 부모님들은 아이가 힘들게 공부할 수록 영어 실력이 오른다고 생각하는 경향이 있어, 저 역시 이런 방식의 영어 수업을 진행할 수밖에 없었습니다.

하지만 엄마가 된 뒤에는 아이가 영어를 언어로 활용할 수 있는 엄마표 영어를 하고 싶었습니다. 그러기 위해서 다음과 같은 언어의 본질에 충실하고자 했습니다.

첫째, 언어는 의사소통의 수단입니다. 그렇기 때문에 아이는 그냥 그림책을 읽고 끝낼 것이 아니라, 실제로 영어를 다른 사람과의 의사소통 수단으로 활용해 봐야 합니다. 어려운 영어일 필요는 전혀 없습니다. "엄마 목말라요. 물 주세요." 같은 쉽고 평이한 말이라도 영어로 표현해 보고 상대방의 반응을 이끌어 내는 경험을 해야 합니다. 참고로 여기서 의사소통은 엄마가 아이를 앉혀 두고 "이거 영어로 말해 봐.", "물이 영어로 뭐라고?"라며 일방적으로 정답을 묻는 것이 아니라 엄마와 아이가 영어로 생각을 주고받는 것을 말합니다.

둘째, 언어는 가공된 환경이 아닌 현재 이 시대를 살아가는 사람들 간의 '실제' 의사소통 수단입니다. 이 실제 의사소통, 다시 말해 날것 그대로의 영어를 배우려면 교육용으로 제작된 영어책이 아닌 원어민 아이들이 보는 영어 그림책을 읽어야 합니다. 교육 및 학습을 목적으로 편집된 영어책은 가공된 세상을 담고 있기 때문입니다.

저는 이러한 점을 고려하여 아이가 만 14개월일 때 엄마표 영어를 시작했습니다. 그리고 만 28개월이 되자 아이는 영어로 자신의 의사를 표현할 수 있게 되었습니다. 34개월 무렵부터는 더욱 적극적인 의사 표현이 가능해졌습니다.

대화 1 원래는 닭고기를 좋아하는데
심술이 나서 싫다고 하는 상황

엄마 : Tonight you're gonna have chicken for dinner.

오늘 저녁에는 닭고기를 먹을 거야.

아이 : No, I don't want to eat chicken. I hate chicken.

싫어요, 닭고기 먹기 싫어요. 난 닭고기 싫어해요.

엄마 : You do love chicken, I know that.

너 닭고기 엄청 좋아하는 거 내가 다 아는데.

아이 : No, I want to just eat yogurt! 싫어요, 난 그냥 요거트 먹을래요!

엄마 : Yogurt? Yogurt is for dessert.

요거트? 요거트는 디저트로 먹는 거야.

아이 : No, it's mine! 싫어요, 요거트는 내 거예요!

엄마 : It's yours but, still, it's dessert.

네 거 맞아. 그래도 디저트로 먹어야 돼.

대화 2 요리 재료로 잘라 놓은 애호박을 갖고 놀다가
초록색이니까 덜 익었다고 말하는 상황

엄마 : Don't, don't! 하지 마!

아이 : It's MY zucchini. 이건 내 애호박이에요.

엄마 : It's your zucchini? It's mine, it's not yours.

네 거라고? 이건 내 건데.

아이 : (딴짓) This is unripe. 이건 덜 익었어요.

엄마 : Unripe? 덜 익었어?

아이 : Look at this, it's green. 이거 보세요, 초록색이잖아요.

대화 3 요리 그림책을 보다가
평소 좋아하는 핑크 숟가락을 찾으러 가는 상황

아이 : My spoon! Mommy, have you seen my spoon?

내 숟가락! 엄마, 내 숟가락 봤어요?

엄마 : Your spoon? 네 숟가락?

아이 : I want the spoon! 숟가락이 필요해요!

엄마 : Your pink spoon? 네 핑크 숟가락?

아이 : **My pink spoon!** 내 핑크 숟가락이요!

엄마 : **I have no idea. Let's go look for it. Where could it be?**

모르겠는데. 가서 찾아보자. 어디 있을까?

아이 : (평소 좋아하는 <Underwear!>(Jenn Harney)의 한 장면을 흉내 내며)

It's there, over there! 저기 있어요. 저어어기요!

엄마 : **Okay, let's go. Tiptoe tiptoe~.** 그래, 가 보자. 사뿐사뿐 걷고~.

아이 : **Where is my spoon?** 내 숟가락 어디 있어요?

엄마 : **Open the drawer.** 서랍 열어 봐.

아이 : **Where is my spoon? I want my spoon!**

내 숟가락 어디 있어요? 숟가락이 필요해요!

(찾은 뒤) **This is my pink spoon! I want the pink spoon!**

이게 내 핑크 숟가락이에요! 핑크 숟가락이 필요해요!

(노래 부르며) **Strawberry jam jam jam~ Honey honey**

honey~. 딸기잼~ 꿀~.

(잼 만드는 시늉을 하며) **This is strawberry jam!** 딸기잼이에요!

엄마 : **What are you making? Strawberry jam?**

뭘 만드는 거야? 딸기잼?

아이 : (장난치며) **I never eat this. I never do.**

난 이거 절대 안 먹어요. 절대.

현재 저희 아이는 모든 사물에 영어와 우리말로 부르는 말이 있다는 점을 이해하고, 상황에 따라 영어와 우리말 중 하나를 선택해서 대화할 수 있습니다.

PART 2

영어 그림책을
활용하는 이유

언어 습득과 상호 작용

아이들의 언어 습득은 어른처럼 단어나 핵심 패턴을 암기하면서가 아니라 일상의 경험을 통해 자연스럽게 이루어집니다. 여기서 '경험'이라는 것은 내가 처한 시간적, 공간적 맥락에서 상대방과 상호 작용하는 행위를 말합니다. 영어권 국가에서 태어난 아이는 아침에 일어나서 잠자리에 들 때까지 부모를 비롯한 가족이나 친구들과 소통하며 자연스럽게 영어를 익힙니다. 엄마와의 아침 인사부터 시작해서 학교에서 만난 친구들과의 대화, 선생님과의 대화를 통해 다른 사람과 서로 생각을 주고받으면서 영어가 어떻게 언어로 활용되는지를 직접 경험하는 것입니다.

그런데 영어가 일상어로 쓰이지 않는 우리나라에서는 그런 방식으로 영어를 습득하기가 어렵습니다. 그러다 보니 현재 엄마표 영어에서 가장 널리 활용되는 방식은 아동용 DVD나 유튜브와 같은 영어 동영상을 보여 주는 것입니다. 원어민 아이가 처할 법한 시·공간적 맥락을 가장 유사하게 재현해 주는 것이 동영상이기 때문입니다. 학령기 전후의 아이들은 동영상 속 인물들의 상호 작용을 간접적으로 경험하면서 영어를 배울 수 있습니다. 저 역시 학창 시절부터 수없이 많은 미국 드라마와 뉴스를 보면서 영어를 익혔기 때문에 동영상의 장점을 누구보다 잘 알고 있습니다.

하지만 0~3세의 초기 영유아에게는 다른 방법이 필요합니다. 초기 영유아의 언어 습득은 현실 속에서의 직접적 상호 작용을 필요로 하는데 동영상은 그러한 직접적 상호 작용을 제공하지 못하기 때문입니다. 여기서 동영상이 상호 작용을 제공하지 못한다는 것은 크게 세 가지 면에서 그러한데, 우선 화면 속 인물들의 말이 아이에게 일방적으로 전달만 되지 아이가 직접 등장인물에게 말을 걸고 반응을 끌어낼 수 없습니다. 또, 아무리 반복적으로 보더라도 한 가지 상황과 한 가지 영어만 들려주기에 상대방의 다양한 반응을 경험할 기회가 없습니다. 매 장면마다 엄마와 감정을 나누며 볼 수도 없기 때문에 엄마와의 상호 작용도 어렵습니다.

이 외에도 저 같은 워킹맘에게는 아이와 함께할 시간을 빼앗는다는 현실적인 문제도 있습니다. 퇴근 후 집에 와서 아이 저녁을 먹이고 목욕을 시키고 우리말 그림책도 몇 권 읽어 주다 보면 시간이 금방 가 버립니다. 그 얼마 안 되는 시간을 동영상 시청에 할애하면 아이와의 애착을 다질 시간이 줄어듭니다.

따라서 영유아기에는 동영상에 의존하기보다는 그림책을 통해 영어를 접하는 것이 좋습니다. 엄마와 함께 읽는 그림책은 엄마라는 현실 속 인물과 함께하는 것이기 때문에 위에서 언급한 동영상의 단점을 극복할 수 있습니다. 다만 엄마가 오디오 CD처럼 그림책을 일방적으로 읽어 주기만 해서는 아이가 말문을 트기에 부족합니다. 엄마들 사이에서 매일 영어 원서를 몇 권씩 읽어 주는데도 아이의 영어 발화가 안 나온다는 고민이 많은 것도 이런 이유에서입니다. 아이가 말문을 트려면 그림책을 출발점 삼아 실생활에서 엄마와 영어를 주고받으면서 의사소통으로서의 영어를 경험해 보아야 합니다.

'상호 작용'이나 '영어로 대화하기'라고 하면 너무 거창하게 들릴지도 모릅니다. 하지만 우리가 아이와 나누는 모국어 대화를 떠올려 보면 대단히 어려운 표현을 쓰지 않습니다. 돌 무렵의 아기를 상대로 할 때는 과일을 앞에 두고, "사과~", "배~", "오렌지~"와 같이 한 단어로만 대화하기도 합니다. 아이가 조금 더 자란 후에도 "이건 빨간색이네.", "이건 차갑네.", "그건 위험해." 정도의 단순한 말이 대부분입니다.

그리고 오롯이 엄마의 영어 실력에 의존해 대화하는 것이 아니라 그림책에 나왔던 표현들을 아이와 함께 유사한 상황에 적용해 보는 것입니다. 처음부터 진지한 대화를 하려고 하지 말고 〈Goodnight Moon〉(Margaret Wise Brown)이라는 그림책을 함께 읽은 뒤 아이가 잠들 때 "Goodnight!"이라고 말해 주는 것부터 시작하면 됩니다.

또 잊지 말아야 할 것은 엄마의 영어가 발음과 문법이 정확한 '완벽한 인풋'일 필요는 없다는 점입니다. 완벽한 인풋의 역할은 그림책의 영어 문장과 음원이 해 줄 수 있습니다. 엄마가 조금 틀리게 말해도 그림책과 음원을 충분히 접한 아이들은 귀신같이 올바른 문장을 찾아냅니다. 조금 불완전하더라도 엄마와 영어로 대화해 보는 것은 아이로 하여금 영어라는 언어로도 의사소통을 할 수 있다는 것을 깨닫게 해 주는 데 의의가 있습니다.

이렇게 쉬운 영어라도 일상에서 엄마와의 상호 작용을 통해 습득하면 아이는 외부에서 흡수한 영어를 복제하듯 따라하는 수준을 넘어서 자신의 의사를 자유롭게 표현할 수 있게 됩니다.

영어 그림책과 친해지기

영어 그림책의 장점

그림책을 읽어 주는 것이 동영상을 틀어 주는 것에 비해 더 많은 노력과 체력을 필요로 하는 것은 사실입니다. 대신 아이를 곁에 두고 스킨십을 해 가며 내용을 즐길 수 있기 때문에 애착을 다질 수 있다는 장점이 있습니다. 아이와 함께 그림책을 보고 있노라면 자그마한 뒷모습에서 느껴지는 호기심, 살을 맞대며 느끼는 따뜻함, 옹알옹알 귀여운 목소리가 엄마에게 큰 행복이 됩니다. 또 엄마의 애정이 담긴 소리는 아이에게도 의미가 더 뜻깊게 다가옵니다.

아이와 보내는 시간이 짧은 워킹맘의 입장에서 그림책의 장점은 또 있습니다. 엄마가 그림책 없이 일상 대화만 영어로 한다면, 아이는 엄마가 없는 시간 동안에는 영어로 말할 상대가 없습니다.

엄마가 아이에게 영어 동영상만 틀어 주는 경우에도 아이는 동영상을 보지 않는 시간에는 직접적으로 영어를 떠올릴 만한 계기가 없습니다. 하지만 그림책으로 엄마표 영어를 하면 아이는 엄마가 없는 시간에도 그림책을 꺼내 보며 영어를 떠올릴 수 있습니다.

퇴근 후에 아이를 돌보고 잠자리 그림책을 읽어 준 뒤 잠을 재우고 나면 하루의 피로가 몰려옵니다. 그런데 바닥에 널브러진 책들을 정리하다 보면 아이가 어떤 페이지를 보며 어떤 표정을 지었는지, 어떤 포인트에서 웃었는지가 떠오릅니다. 그 웃는 얼굴 덕에 다시 힘이 몽글몽글 솟아나서 다음날 출근을 준비할 수 있었습니다. 아이도 마찬가지입니다. 엄마가 없는 동안, 함께 읽었던 그림책을 다시 들춰 보면서 엄마의 음성과 체온, 촉감을 떠올립니다. 그리고 그 과정에서 영어의 소리가 자연스럽게 체화됩니다.

영어 그림책과 친해지는 방법

아이들마다 취향이 다릅니다. 책 읽기 같은 정적인 활동보다는 야외에서 활발하게 뛰어노는 것을 더 좋아하는 아이도 있습니다. 하지만 우리 아이가 책에 흥미가 없다고 단정하기 전에 아이가 그림책과 친해질 수 있는 환경을 마련해 주는 것이 중요합니다.

① 책보다 재미있는 환경 없애기

요즘은 화려한 색감과 현란한 기능이 탑재된 장난감이 정말 많습니다. 아이들 시선을 휘어잡는 여러 영상물도 영유아용이라는 타이틀을 달고 출시됩니다. 이런 전자식 장난감이나 영상물이 무조건 나쁜 것은 아니지만, 상대적으로 생각을 덜 하게 하고 편한 것에 익숙하게 만드는 것은 분명합니다. 특히 그림책 읽기는 아이가 그림과 소리 간의 의미를 파악하기 위해 노력해야 하는 수고로운 활동이기 때문에 대부분의 아이들은 현란한 장난감(또는 영상물)과 그림책이 동시에 주어지면 장난감을 선택합니다.

그래서 저는 TV나 DVD, 스마트폰을 비롯하여 영상은 일체 보여 주지 않았고, 장난감도 가급적 원목이나 패브릭 소재로 된 것들을 마련했습니다. 대신 사운드북과 각종 조작북을 다양하게 구비해서 전자식 장난감의 역할을 대체했습니다.

② 외출할 때 그림책 챙겨 가기

아이와 나들이를 갈 때 관련이 있는 영어 그림책을 챙겨 가는 것도 좋은 방법입니다. 저의 경우, 한강 공원에 갈 때는 연이 등장하는 〈Bear in Sunshine〉(Stella Blackstone)이나 〈Titch〉(Pat Hutchins)를 가져가서 주변에 연을 날리는 사람들과 비교하며 읽어 주었고, 동물원에서는 〈Good Night, Gorilla〉(Peggy Rathmann)를 보며 "이 책에 나오는 zookeeper가 저기 저 사육사 아저씨야."라고 알려 주었습니다. 식당에서는 〈Lunch〉(Denise Fleming)나 〈I'm the Biggest Thing in the Ocean!〉(Kevin Sherry) 같이 식재료가 나오는 그림책을 보며 이 새우 요리의 새우가 바로 이 장면에 등장한다고 말해 주었습니다.

이렇게 책을 들고 다니면 천방지축으로 뛰어다니는 아이를 쫓아다니기 힘들 때 엄마에게 휴식이 되기도 하고 아이도 그림책 속 내용을 현실 세계와 연계하여 즐길 수 있다는 장점이 있습니다.

③ 엄마 아빠가 읽는 영어책 보여 주기

실제로 엄마 아빠가 읽는 책이 있을 필요는 없습니다. 아이의 눈에 띌 만한 곳에 은근슬쩍 어른 영어책을 놓아두었다가 아이가 호기심을 가지면 "엄마(혹은 아빠)가 읽는 책이야."라며 구경시켜 줍니다. 제목과 작가도 알려 주고, 아이가 읽는 책보다 글자가 더 많고 종이는 더 얇다는 걸 만지게도 하고, 표지에 나온 그림에 대해 함께 이야기를 나누기도 합니다. 그러면서 아이는 누구나 영어로 된 책을 읽는다는 사실을 자연스럽게 받아들일 수 있습니다.

PART 3

시작은 마더구스

마더구스란

마더구스의 기원

영어 그림책을 읽어 보기로 결심했다면 첫 단추는 너서리 라임 Nursery rhyme, 즉 마더구스 Mother Goose를 보고 듣는 것으로 시작하는 것이 좋습니다.

우선 너서리 라임이라는 용어의 어원을 잠시 살펴보겠습니다. 오늘날 모유 수유 breastfeeding를 nursing이라고도 하는 데서 알 수 있듯이 nurse라는 말은 과거에 젖을 먹이는 유모를 의미했습니다. 너서리 nursery는 nurse에서 파생된 말로, 주로 아이의 양육과 관련된 맥락에서 사용됩니다. 어린이집 같은 보육 시설을 nursery라고 하고 가정에서는 아기방을 nursery라고 부릅니다(그래서 유튜브에서 'nursery tour'로 검색하면 아기자기한 아기방 인테리어를 구경할 수 있습니다). 라임은 운율감 있는 노래나 시를 가리킵니다.

즉, 너서리 라임은 아이가 자라면서 듣는 동요나 동시, 그중에서도 특히 예전부터 구전되어 내려오는 것을 두루 일컫습니다.

기억을 떠올려 보면 저도 어렸을 때 할머니에게서 구전 노래를 많이 듣고 자랐습니다. 그리고 그런 노래를 저희 아이에게도 종종 흥얼거리곤 합니다. 이렇게 엄마의 엄마로부터 여러 시대를 거쳐 전해 내려온 것이 너서리 라임입니다. 참고로 "우우리 아가아아아 잘 자떠어요오오오?"처럼 엄마가 아기에게 사용하는 약간 과장되고 느리면서 리듬감 있는 말을 모성어motherese라고 하는데, 개인적인 추측으로는 음악적 특징이 강한 이 모성어가 너서리 라임의 탄생에 일부 영향을 주지 않았을까 싶습니다.

그렇다면 마더구스는 무엇일까요? 보통 거위를 타고 다니는 중년 여성의 이미지로 표현되는 가공의 인물로, 너서리 라임이 이로부터 유래했다고 알려져 있습니다.

브리태니커 백과사전*에 따르면 영미권에서 너서리 라임을 가리키는 말로 '마더구스'를 처음 사용한 것은 18세기 후반으로 추정됩니다. 1781년 영국의

---

*   https://www.britannica.com/topic/Mother-Goose-fictional-character

출판업자인 존 뉴베리 John Newbery*의 유족들이 그의 사후에 여러 가지 너서리 라임을 모아 〈Mother Goose's Melody〉라는 이름으로 출판한 것입니다. 다만 이때에도 마더구스라는 용어 자체는 프랑스 작가 샤를 페로 Charles Perrault**의 동화집 〈Contes de ma mère l'oye〉에서 차용한 것으로, 마더구스를 뜻하는 'mère l'oye'는 당시 프랑스에서 '아이들에게 재미난 이야기를 들려주는 아주머니'를 의미했다고 합니다.***

정리하면 너서리 라임은 노래의 쓰임새에서, 마더구스는 그 노래의 집대성자에서 파생된 용어라고 할 수 있겠습니다. 다만 오늘날에는 마더구스와 너서리 라임이 같은 의미로 혼용되어 쓰입니다. 저는 편의상 마더구스로 표현하겠습니다.

마더구스의 특징

마더구스는 일반 그림책과 달리 대체로 노래가 먼저 있고 가사에 맞추어 그림이 그려진 책이 등장했습니다. 영미권 그림책으로는

---

*   미국의 뉴베리상은 이 존 뉴베리를 기념하기 위해 제정된 아동문학상입니다.
**   샤를 페로는 민간에서 구전되던 이야기를 모아 1697년에 이 책을 편찬했는데, 여기에는 〈빨간 모자〉, 〈신데렐라〉, 〈장화 신은 고양이〉, 〈잠자는 숲속의 미녀〉, 〈푸른 수염〉 등이 수록되어 있습니다.
***   https://www.history.com/news/was-there-a-real-mother-goose

〈Wee Sing Nursery Rhymes and Lullabies〉 시리즈와 〈Sylvia Long's Mother Goose〉, 〈The Real Mother Goose〉(Blanche Fisher Wright) 등이 유명합니다. 국내 출판물로는 〈베이비 마더구스(구 푸르미 마더구스)〉, 〈노부영 마더구스〉 시리즈 등이 있습니다.

마더구스는 워낙 종류도 많고 같은 노래라도 가사 버전이 다양하기 때문에 반드시 모든 노래를 책으로 접할 필요는 없습니다. 엄마가 활용하기 편한 것으로 기본적인 몇 권을 마련하고 나머지는 유튜브 어린이 채널에서 노래를 듣다가 시간 나는 대로 인터넷에서 하나씩 가사를 찾아보면 충분합니다. 아이도 처음부터 가사를 다 파악하면서 들을 필요는 없고 그냥 재미있는 리듬을 즐기다가 차차 가사를 익혀도 괜찮습니다.

저는 보드북인 〈베이비 마더구스〉가 크기나 두께, 그림체 면에서 돌 무렵 아기에게 적당해서 구매했고, 기타 몇 권은 〈노부영 마더구스〉 책을 샀습니다. 노부영은 페이퍼백이라 내구성이 약하고 어린 아기가 혼자 보기에는 크기가 큰 편이지만 책에 구멍이 뚫려 있어서 아이가 재미있어했습니다.

한편, 〈쎄쎄쎄〉, 〈두껍아 두껍아〉, 〈우리 집에 왜 왔니〉, 〈꼬마야 꼬마야〉, 〈여우야 여우야 뭐 하니〉 등이 놀이를 하면서 부르는 노래인 것처럼 마더구스도 손뼉치기나 율동 등 각종 놀이와 결부된 경우가 많습니다. 아이와 함께 놀이를 하며 불러 보아도 좋습니다.

마더구스를 듣는 이유

마더구스 중에는 가사가 말이 안 되거나 현대 영어에서 잘 쓰이지 않는 단어가 들어간 것도 있어서 영어 습득에 직접적인 도움은 안 될 때도 있습니다. 하지만 재미있는 멜로디와 가사를 따라 부르다 보면 영어에 대한 즐거운 감정이 생기고 언어적 감각도 자랍니다. 무엇보다 영미권 아이들이 신생아 시절부터 매일 듣고 자라는 언어인 만큼 문학작품이나 영화, 가게 이름 등 생활 전반에서 끊임없이 재생산됩니다. 우리나라 사람들이 〈원숭이 엉덩이는 빨개〉, 〈두껍아 두껍아〉, 〈우리 집에 왜 왔니〉, 〈꼬마야 꼬마야〉, 〈여우야 여우야 뭐 하니〉 같은 노래를 대부분 알고 일상에서도 종종 비유적으로 사용하는 것과 비슷합니다.

사실 영어를 잘한다는 것은 얼마나 많은 단어와 표현을 아는가가 아니라, 원어민들과 얼마나 문화적으로 친밀감을 느끼는가의 문제이기도 합니다. 그렇기에 다양한 마더구스를 들려주는 것은 아이의 영어적 재산을 든든히 쌓아 주는 것과도 같습니다. 아이가 신나게 마더구스를 즐기다 보면 그림책 속에서도 해당 내용을 만나게 되고, 그 과정에서 영어 감각이 다져지는 것입니다.

Hey Diddle Diddle

〈Hey Diddle Diddle〉은 고양이가 피들이라는 악기를 연주하고, 소는 달을 뛰어넘고, 개는 그 광경을 보며 웃고, 접시는 숟가락과 함께 도망친다는 내용의 노래입니다. 가사만 봐서는 도통 의미를 알 수 없고 조금 뜬금없는 이런 장르를 난센스 시^{nonsense verse}라고 하는데 마더구스에서 흔하게 찾아볼 수 있습니다.

이 노래 역시 상상력을 자극하는 가사로 널리 사랑받다 보니 유독 다른 그림책에 자주 등장합니다. 잠자리 그림책의 대명사격인 〈Goodnight Moon〉에 소가 달을 뛰어넘는 장면이 나오기도 하고, 영국의 대표작가 앤서니 브라운의 〈My Dad〉에도 아빠가 달을 뛰어넘고 숟가락이 접시와 달아나는 장면이 등장합니다. 〈Spoon〉에서는 주인공 숟가락이 매일 밤마다 증조할머니가 접시와 사랑에 빠져 도망쳤다는 이야기를 들으며 잠이 듭니다.

Hickory Dickory Dock

아이들에게는 숫자 세기를 배우는 일이 중요한 발달 과업 중 하나입니다. 그러다 보니 마더구스에도 숫자 세기 라임 counting rhyme 이 많은데 그중 대표적인 것이 〈Hickory Dickory Dock〉입니다. 생쥐, 뱀, 다람쥐, 고양이 등 각종 동물이 정각이 될 때마다 커다란 괘종시계 꼭대기에 올라갔다가 종소리를 듣고 다시 내려온다는 내용입니다. 워낙 유명한 마더구스라 영미권 화자라면 누구나 한 번쯤 들어 봤을 만큼 친숙한 노래입니다. 이 노래가 소재로 사용된 〈Where Have You Been?〉(Margaret Wise Brown)에서 주인공 부엉이는 생쥐에게 왜 시계에 올라갔다 오는지를 물어보고 생쥐는 시계가 똑딱똑딱 하는지 보고 왔다고 대답합니다.

The Owl and the Pussy Cat

마더구스 중에는 〈The Owl and the Pussy Cat〉처럼 정확한 작가와 탄생 연도가 알려져 있는 것도 있습니다. 부엉이와 고양이가 연둣빛 배를 타고 바다로 가서 별을 바라보며 사랑을 노래한다는 이 노래는 영국의 문학가이자 음악가인 에드워드 리어 Edward Lear가

1870년 발표한 난센스 시(노래)입니다. 이 노래의 영향으로, 부엉이 캐릭터가 등장하는 그림책에는 고양이가 함께 나오곤 합니다.

앞서 보았던 〈Where Have You Been?〉에도 부엉이와 고양이가 등장하고 〈The Goodnight Train〉(June Sobel)에서는 부엉이가 읽고 있는 책 제목이 〈The Owl and the Pussy Cat〉인 것으로 그려집니다.

Humpty Dumpty

요즘도 어린이용 수수께끼 모음집이 따로 있을 정도로 수수께끼 riddle는 시대를 막론하고 사랑받아 온 구전 문학의 한 장르입니다. 험티 덤티라는 주인공이 담장 위에서 떨어지자, 왕의 신하들이 급히 달려왔지만 이미 깨진 후라 어쩔 수 없었다는 내용의 〈Humpty Dumpty〉 역시 주인공의 정체를 맞히는 수수께끼에서 시작되었습니다. 이제는 계란이라는 정체가 다 알려진 험티 덤티는 영미 문화에서 아주 유명해서 계란 모양의 킨더 초콜릿 광고나 그림책, 영화 등에도 자주 등장하곤 합니다.

대표적으로 〈After the Fall : How Humpty Dumpty Got Back Up Again〉(Dan Santat)는 제목 그대로 험티 덤티가 담장에서 떨어진 후 생존했더라면 어떻게 됐을까를 보여 주는 책입니다. 또 떨어질지 모른다는 두려움을 극복하는 험티 덤티의 모습이 어른인 제가 봐도 감동적입니다.

이 외에도 동화 〈거울 나라의 앨리스〉, 영화 〈장화 신은 고양이〉 등에도 험티 덤티가 등장합니다. 어른들의 창작물에서도 종종 찾아볼 수 있어서, 미드 〈The House〉에서는 지붕에서 떨어진 환자에 관한 에피소드의 제목이 'Humpty Dumpty'였습니다.

이처럼 아는 만큼 보이고 보이는 만큼 더 잘 이해할 수 있기 때문에 마더구스에 친숙해지면 영어 그림책을 이해하는 깊이가 한층

깊어지고 더 재미있게 즐길 수 있습니다.

　　마더구스는 유튜브의 'Mother Goose Club'이나 'Super Simple Song' 같은 채널에서 쉽게 들을 수 있습니다. 이런 어린이 채널들은 전통적인 마더구스뿐만 아니라 현대적 동요도 다루고 있는데 〈Apples and Bananas〉처럼 부르는 재미도 있으면서 언어 감각을 길러 주는 좋은 노래들이 많기 때문에 함께 듣는 것을 추천합니다.

Apples and Bananas

<Apples and Bananas>는 "I like to eat, eat, eat apples and bananas"라는 가사가 반복되는 가운데 eat, apples, bananas의 모음을 '/에이/ → /이/ → /아이/ → /오우/ → /우/'와 같은 형태로 바꿔 부르는 노래입니다.

즉, 1절이 끝날 때마다 '<u>이</u>트, <u>애</u>플스, 버네너스'가 '<u>에이</u>트, <u>에이</u>플스, 버네<u>이</u>네<u>이</u>스' → '<u>이이</u>트, <u>이</u>플스, 버니니스' → '<u>아이</u>트, <u>아이</u>플스, 버나<u>이</u>나<u>이</u>스' → '<u>오우</u>트, <u>오우</u>플스, 버노<u>우</u>노<u>우</u>스' → '<u>우우</u>트, <u>우</u>플스, 버<u>누</u>누스'로 바뀌는 것입니다.

신나는 멜로디의 이 노래를 부르다 보면 영어의 음절 인식과 모음 개념을 자연스럽게 익힐 수 있습니다.

마더구스에는 어떤 노래가 있을까

다음에는 ①역사적으로 특히 오래된 마더구스와 ②자장 가나 율동으로 생활 속에서 자주 쓸 수 있는 마더구스, 그 외에 ③대중적으로 널리 사랑받는 노래들을 소개하겠습니다.*

가장 오래된 마더구스 10가지**

기록을 기준으로 가장 오래되었다고 알려진 마더구스 10가지는 다음과 같습니다. 다만 구전으로 널리 불리다가 나중에 기록으

---

* 저는 'Songs for Littles', 'Mother Goose Club', 'Super Simple Play' 채널처럼 노래와 대화가 섞여 있는 음원을 자주 들었습니다만, QR 코드의 영상은 이해를 돕기 위해 가사가 시각적으로 잘 표현된 것을 위주로 골랐습니다.

** https://www.oldest.org/music/english-nursery-rhymes/

로 남겨지는 마더구스의 특성상 실제 기원은 기록된 날짜보다 훨씬 이전일 것으로 추정됩니다.

이렇게 역사가 깊은 마더구스는 그 시대의 왕이나 종교적 인물, 흑사병·대기근 등을 암시하는 상징적 소재가 많아 여러 해석이 존재합니다. 다 설명하기에는 지면이 부족하기 때문에 여기서는 가사 원문에 충실하게 소개하려고 합니다.

다양한 버전의 해석은 네이버나 위키피디아에서 제목으로 검색하면 찾아볼 수 있습니다. 참고로 개중에는 어두운 해석도 있지만 우리가 〈두껍아 두껍아〉를 부르면서 두꺼비의 의미에 대해 심각하게 생각하지 않듯이 마더구스의 가사도 그렇게 진지하게 받아들일 필요는 없습니다. 저도 어렸을 때 "전우의 시체를 넘고 넘어~"라는 노래 가사에 맞추어 고무줄놀이를 하곤 했는데 가사는 신경 쓰지 않고 신나게 놀았던 기억이 있습니다.

Ding Dong Bell (1580)

조니 그린^{Johnny Green}(버전에 따라 Johnny Flynn이라고 하기도 합니다.)이라는 아이가 고양이를 우물에 빠뜨리자, 토미 스타우트^{Tommy Stout}라는 아이가 그 고양이를 다시 꺼내 주었다는 노래입니다.

이 노래의 제목인 〈Ding Dong Bell〉은 셰익스피어의 희곡 〈템페스트〉와 〈베니스의 상인〉에도 등장할 정도로 기원이 오래되었다고 합니다.

To Market to Market (1598)

시장에 가서 돼지, 개, 케이크, 빵 등을 사서 집으로 돌아온다는 내용이 반복되는 경쾌한 노래입니다. 평범하지만 일상에서 빠질 수 없는 활동이자 아이들이 즐거워하는 활동인 장보기를 주제로 하고 있어 마더구스를 소개할 때 꼭 한 번쯤은 언급됩니다.

Pat-a-cake (1698)

케이크 반죽을 만들어서 'B'라고 표시한 뒤 오븐에 넣고 얼른 구워 달라고 말하는 노래입니다. 각 가정에 개별 화덕이 없었던 옛날에는 집에서 미리 반죽을 만들어 이니셜을 표시한 뒤 마을의 공동 화덕에 맡겼다고 하는데, 이런 관습에서 유래된 것으로 알려져 있습니다.

"세인트 아이브스로 가는 사람은 총 몇 명일까요?"라는 질문을 던지는 이 노래는 대표적인 수수께끼 마더구스입니다. 화자는 세인트 아이브스로 향하는 길에 7명의 아내가 있는 남자를 만났는데, 아내들은 각각 7개씩의 자루를 가지고 있었고, 그 안에는 7마리의 고양이가 각각 7마리의 아기 고양이를 데리고 있었습니다. 그렇다면 총 몇 명(몇 마리)이 세인트 아이브스로 가는 걸까요?

London Bridge is Falling Down (1744)

런던 다리는 아주 예전에 로마가 영국을 점령했을 때 처음 지어졌다가 여러 차례 무너지고 다시 지어지기를 반복하면서 목조 다리가 석조 다리가 되는 등 많은 변화를 겪었습니다. 이 노래는 그러한 런던 다리가 무너진다며 'My Fair Lady'를 찾는 노래입니다. 버전에 따라 나무, 벽돌, 돌, 철, 은과 금 등으로 다시 짓는다는 가사가 추가되기도 합니다.

또, 흥미롭게도 우리나라의 〈동동 동대문을 열어라〉와 거의 똑같은 방식으로 이 노래에 맞추어 하는 게임이 있습니다.

Baa Baa Black Sheep (1744)

'바~ baa'는 영어에서 양이 우는 소리를 나타내는 의성어입니다. 이 노래는 검은 양에게 양털이 있냐고 물었더니 양이 대답하길, 세 자루가 있는데 하나는 주인님 몫이고, 하나는 주인 마님 몫이고, 다른 하나는 마을에 사는 아이 몫이라고 하는 내용입니다.

Jack Sprat (1765)

옛날에는 체구가 작은 사람을 '잭 스프랫 Jack Sprat'이라 불렀다고 하는데 이 노래는 그에 관한 노래입니다. 잭 스프랫은 기름진 것을 못 먹고 그의 아내는 기름기 없는 음식을 못 먹어 각자 채소와 기름진 고기를 맛있게, 접시를 핥아 가며 먹었다는 내용입니다.

Rock-a-bye Baby (1765)

나무 꼭대기에 매달아 놓은 요람이 바람에 흔들리다가 가지가 부러지면 아기와 요람이 모두 떨어질 거라는 내용의 자장가입니다.

기원에 대해서는 아메리카 원주민이 나무 사이에 아기 요람을 묶어 놓고 재운 것에서 유래했다는 의견과 거대한 주목나무에 살던 영국인 가족에서 유래했다는 의견 등 다양한 추측이 있습니다.

Hey Diddle Diddle (1765)

고양이가 피들을 연주하고, 소는 달을 뛰어넘고, 개는 그걸 보면서 웃고 접시는 숟가락과 함께 달아난다는 대표적인 난센스 마더구스입니다. 피들은 바이올린의 전신인 현악기를 말합니다.

Ring around the Rosie (1796)

주머니에 꽃을 가득 담아 장미 덤불 주위를 빙글빙글 돌다가 마지막에 모두 폴싹 주저앉는다는 가사의 노래입니다. 이 노래에 맞추어 아이들이 강강술래하듯 손을 잡고 돌다가 "we all fall down!"이라는 가사와 함께 다 같이 자리에 앉는 게임이 널리 알려져 있습니다.

생활 속에서 자주 쓸 수 있는 마더구스

① 자장가

Rock-a-bye Baby

흔들의자를 'rocking chair'라고 부르는 것처럼 rock에는 흔든다는 의미가 있습니다. 그래서 'rock-a-bye'는 아이를 재우기 위해 품에 안고 흔들흔들 다독이는 행동을 연상시킵니다. 서정적인 멜로디가 아름다워 잠자리에서 아이에게 불러 주기 좋습니다.

Hush Little Baby

아이가 아무 말 word도 하지 않으면 엄마가 앵무새 mocking bird를 사 주고, 앵무새가 노래 sing를 안 하면 다이아몬드 반지 diamond ring를 사 주고, 다이아몬드가 놋 brass으로 변하면 거울 looking glass을 사 주겠다는 내용의 가사입니다. 얼핏 개연성이 없어 보이는 소재들이지만 wor<u>d</u>와 mocking bir<u>d</u>, sing과 diamond ring, bra<u>ss</u>와 looking gla<u>ss</u> 등 라임이 잘 살아 있어 부르는 즐거움이 있습니다.

Skidamarink

20세기 초 브로드웨이 뮤지컬에서 유래한 이 노래는 멜로디가 따뜻한 자장가입니다. skidamarink는 별다른 의미 없이 만들어진 단어인데 마치 아이가 잠들도록 하는 마법의 주문 같은 느낌을 줍니다. 오전에도, 오후에도, 저녁에도, 달 아래에서도 너를 사랑한다는 가사와 아름다운 멜로디가 잘 어울리는 노래입니다.

② 율동

Pat-a-cake

우리나라의 〈쎄쎄쎄〉처럼 이 노래에 맞추어 하는 손뼉치기 놀이가 널리 알려져 있습니다. 엄마와 아이가 마주 보고 리듬에 맞춰 손뼉을 치며 스킨십을 하기 좋습니다.

Head Shoulders and Knees

우리에게도 동요 〈머리 어깨 무릎 발〉로 친숙한 노래입니다. 어린

아기 시절부터 이 노래를 부르며 머리, 어깨, 무릎, 발을 짚어 보고 신체 부위를 뜻하는 단어를 익히기 좋습니다.

If You're Happy and You Know It

동요 〈우리 모두 다 같이 손뼉을〉의 원곡입니다. 가사에 맞춰 아이와 함께 손뼉을 치고 clap, 발을 구르고 stomp, 야호 외치는 shout 율동을 즐기며 여러 동사의 의미를 깨달을 수 있습니다.

Open Shut Them

두 손을 펴기도 하고 open 쥐기도 하며 shut 손뼉을 치거나 무릎에 손을 올리는 등의 율동을 하는 노래입니다. 손을 얼굴까지 가져가 턱 끝을 만지거나 발끝까지 내려가기도 하는 등 스킨십을 하면서 다양한 신체 부위 명사와 동사를 배울 수 있습니다.

대중적으로 사랑받는 노래들

Twinkle Twinkle Little Star

〈반짝 반짝 작은별〉로 번안된 우리 동요의 원곡입니다.

Old MacDonald Had a Farm

〈그래 그래서〉로 번안된 우리 동요의 원곡입니다. 맥도날드 할아버지의 농장에 사는 동물들이 한 마리씩 소개되는 노래로, 각 동물의 울음소리를 듣는 재미가 있습니다.

BINGO

우리말 〈빙고〉로 번안된 동요의 원곡입니다. 1절에서는 강아지 이름 'B-I-N-G-O'를 다 부르고, 2절부터는 스펠링을 하나씩 빼고 그 자리에 박수를 치며 부릅니다.

Mary Had a Little Lamb

우리 동요 〈떴다 떴다 비행기〉가 멜로디를 차용한 곡으로, 메리가 어디를 가든 졸졸 따라다니는 하얀 아기 양에 관한 노래입니다.

Row Row Row Your Boat

우리 동요 〈리리리자로 끝나는 말은〉이 멜로디를 가져온 곡으로 작은 배를 타고 즐겁게 노를 저어 개울을 건넌다는 내용입니다. 원 가사의 끝 소절을 바꾸어 "If you see a crocodile, Don't forget to scream."이라며 소리를 지르는 변형 버전도 널리 불립니다.

Three Little Kittens

'kitten'과 'mitten'의 라임이 잘 어울리는 노래로, 아기 고양이 세 마리가 손모아장갑을 잃어버려서 엄마의 파이를 못 먹을 뻔했다가 다행히 다시 찾아서 먹을 수 있게 되었다는 내용입니다.

Pussy Cat Pussy Cat

고양이에게 어디를 다녀왔냐고 물었더니 런던에 가서 여왕님을 만나고 여왕님의 의자 아래에서 쥐를 겁주고 왔다는 내용의 노래입니다.

One Two Buckle My Shoe

숫자를 세면서 신발 버클을 잠그고, 문을 여는 등의 동작을 하는 노래입니다. 'two'와 'shoe', 'four'과 'door', 'six'와 'sticks', 'ten'과 'again'의 라임이 재미있습니다.

Old Mother Hubbard

허버드 할머니가 개에게 뼈다귀를 주려고 찬장을 열었는데 텅 비어 있어 아무것도 주지 못했다는 내용의 노래입니다.

Little Miss Muffet

머핏 아가씨가 나무 아래에서 간식을 먹고 있었는데 거미가 나타나자 깜짝 놀라 도망갔다는 내용의 노래입니다.

Here We Go Round the Mulberry Bush

서리가 내리는 쌀쌀한 아침에 뽕나무 주위를 빙빙 돈다는 내용의 가사를 1절로 해서, 2절부터는 빨래를 하고 학교에 가는 하루 일과에 대한 내용으로 이어지는 등 다양한 버전이 있습니다. 이 노래에 맞춰서 아이들이 손을 잡고 빙빙 도는 게임을 하기도 합니다.

Old King Cole

담배와 술, 음악을 좋아하는 유쾌한 콜 왕이 피들 연주자 세 명을 초대해 멋진 음악을 즐겼다는 내용의 노래입니다.

Jack and Jill

잭과 질이 물을 길어 오려고 언덕을 오르다가 잭이 넘어져 왕관이 부러지자 질도 굴러 떨어졌다는 내용의 노래입니다.

Cock-a-doodle-doo

'Cock-a-doodle-doo'는 수탉의 울음소리를 나타내는 의성어입니다. 수탉의 주인들이 신발 한 짝과 피들 활을 잃어버려서 어찌할 바를 몰랐다가 다시 찾는다는 내용의 노래입니다.

Little Bo Peep

양치기 소녀 보 핍이 양을 잃어버렸는데 어디서 찾아야 할지 몰랐지만 알아서 찾아오겠거니 하고 혼자 돌아왔다는 내용의 노래입니다.

잭이 날렵하게 촛대를 뛰어넘는다는 가사를 1절로 해서, 2절부터는 다양한 버전으로 뭔가를 뛰어넘거나 하늘을 날아간다는 내용으로 이어지는 노래입니다.

메리의 정원에 은색 종과 조개껍데기가 있고 예쁜 하녀들이 일렬로 늘어서 있다는 가사의 노래입니다. 표면적인 가사의 의미가 모호해서 다양한 해석이 존재하는 대표적인 마더구스이기도 합니다. 'Mary-contrary, grow-row, bells-shells'의 라임과 멜로디가 재미있어서 이 라임 구조를 살린 변형 버전도 많습니다.

땅을 짚어라, 뒤를 돌아라 등의 동작을 시키는 우리 동요 〈꼬마야 꼬마야〉처럼 테디 베어에게 뒤돌아보라, 땅을 짚어 보라, 높이 뛰어 보라고 말하는 내용의 노래입니다.

The Farmer In the Dell

이 노래는 원래 독일에서 탄생했는데 19세기 미국으로의 이민이 많았던 독일 사람들에 의해 미국에서도 유행하게 되었습니다. 이 노래에 맞추어 농부 역할의 아이를 중심으로 여러 아이가 원을 그리며 춤추는 게임이 널리 알려져 있습니다. 원 중앙의 농부는 아내 역할의 아이를 데려오고, 아내는 개를 데려오고, 개는 고양이를 데려오고, 고양이는 쥐를 데려오고, 쥐는 치즈를 가져오는데 마지막에는 그 치즈 역할의 아이 혼자 원 안에 남습니다. 그리고 다음 라운드에서는 그 아이가 농부가 되어 다시 게임이 이어집니다.

The Ants Go Marching

우리 동요 〈빙빙 돌아라〉가 멜로디를 가져온 곡으로 개미떼가 열을 맞추어 행진한다는 내용입니다. 1부터 10까지 세는 과정에서 'one-thumb, two-shoe, three-tree, four-door, fiveskies, six-sticks, seven-lemon, eight-great, nine-time, ten-end'로 이어지는 라임이 재미있습니다.

Finger Family

순서대로 아빠 손가락, 엄마 손가락, 오빠 손가락, 언니 손가락, 아기 손가락을 찾으면 "나 여기 있다."고 대답하는 노래입니다.

Where Is Thumbkin

엄지 thumbkin와 검지 pointer에게 어디 있는지 물어보면 "나 여기 있다."고 대답하고, "잘 지내냐?"고 물으면 "아주 잘 지낸다."고 대답하는 내용의 노래입니다.

Brother John

아침 종이 울리니 잠에서 깨어 일어나라는 내용의 노래입니다.

아이 이름을 넣어 가정에서 아이를 깨울 때 부르기에도 좋습니다.

Rig-a-Jig-Jig

'rig-a-jig-jig'는 별다른 의미 없이 라임을 맞추어 만들어 낸 단어입니다. 길을 가다가 좋은 친구를 만나게 되었다는 가사의 노래인데, 놀이 파트너를 정할 때 이 노래를 부르면서 원을 빙빙 돌며 한 명씩 짝을 짓기도 합니다.

Itsy Bitsy Spider

〈거미가 줄을 타고 올라갑니다〉라는 제목으로 우리에게도 친숙한 노래의 원곡입니다.

The Wheels on the Bus

버스의 바퀴가 빙글빙글 돌아가고, 앞유리의 와이퍼가 휙휙 움직이고, 기사는 뒤로 더 들어가라고 하고, 승객들은 버스를 타고 내리고, 경적이 빵빵 울리고, 아기는 응애응애 울고, 엄마는 아기를 달래려고 쉿~ 소리를 낸다는 가사의 경쾌한 노래입니다.

Down By the Bay

바닷가를 따라서 수박이 자라는 우리 집으로 가면 엄마가 이 것저것 물어볼 거라서 못 가겠다는 내용의 노래입니다. 여기서 엄마의 질문은 "Did you ever see a <u>cat</u> wearing a <u>hat</u>?", "Did you ever see a <u>goat</u> rowing a <u>boat</u>?"처럼 단어의 라임에 맞춘 노래로 짝지어져 있습니다.

The Muffin Man

런던 드루어리 레인에 사는 머핀 파는 아저씨를 아는지 물어보면, 알고 있다고 대답하는 내용의 노래입니다.

Five little ducks

엄마 오리가 아기 오리 다섯 마리를 데리고 언덕 너머 멀리 놀러 갔다가 아기 오리가 한 마리씩 사라져서 슬펐는데, 다행히 모두 돌아왔다는 내용의 노래입니다.

Five Little Monkeys

아기 원숭이 다섯 마리가 침대에서 뛰다가 한 마리씩 바닥에 떨어져서 엄마가 의사 선생님에게 전화하니 의사 선생님이 더 이상 뛰지 말라고 당부한다는 내용의 노래입니다.

Five Green and Speckled Frogs

얼룩무늬 개구리 다섯 마리가 얼룩덜룩한 통나무에 앉아 벌레를 먹다가 한 마리씩 연못에 뛰어들어 통나무에 아무도 남지 않게 되었다는 내용의 노래입니다.

Ten In The Bed

　침대 위에 열 명이 누워 있다가 그중 한 명이 "Roll over!(돌아 눕자!)"라고 말하자 모두 몸을 뒤집는 바람에 한 명이 침대로 떨어진다는 내용의 가사가 10부터 1까지 이어지고 마지막에는 굿나잇을 속삭이는 자장가입니다.

12345 Once I caught A fish Alive

　물고기를 산 채로 잡았는데 오른손 손가락을 깨물어서 다시 놓아주었다는 내용의 노래입니다.

This old man

　1부터 10까지 라임에 맞춰, 어떤 할아버지가 내 엄지손가락 위에서 장단을 맞추다가 개에게 뼈를 주고 집으로 돌아간다는 내용의 숫자 세기 노래입니다.

One potato two potato

감자 열 개를 하나씩 세는 숫자 세기 노래입니다.

Rain Rain Go Away

비가 오면 놀 수 없기 때문에 다른 날에 오라는 내용의 노래입니다.

Mr. Golden Sun

나무 뒤에 숨어 있는 해님에게 어서 나와서 함께 놀자는 내용의 노래입니다.

She'll Be Coming Round the Mountain

그녀가 하얀 말 여섯 마리가 끄는 마차를 타고 산을 돌아오면

반갑게 나가서 맞이하겠다는 내용의 노래입니다.

The Bear Went over the Mountain

곰이 다른 곳에 가면 무엇을 볼 수 있을지 궁금해서 산을 넘고, 강을 건너고, 초원을 지났는데 막상 가 보니 반대편 산과 강, 초원 밖에 볼 수 없었다는 내용의 노래입니다.

Hot cross bun

십자가 무늬가 있는 빵을 핫 크로스 번이라고 하는데, 딸이 없으면 아들에게 핫 크로스 번을 주라는 내용의 노래입니다.

The more we get together

너의 친구가 나의 친구이기도 하고 나의 친구가 너의 친구이기도 하니 더 많이 모일수록 더 즐겁다는 내용의 노래입니다.

A Sailor Went to Sea

뱃사람이 뭐가 있는지 보려고 바다로 갔는데 푸른 바다의 바닥 밖에 볼 것이 없었다는 가사로, 동음이의어 sea와 see의 반복이 재미있는 노래입니다.

Take Me out to the Ball Game

야구장에 데려가 달라는 제목의 이 노래는 실제 미국 메이저리 그에서 7이닝 중간 쉬는 시간에 울려 퍼져 관객들이 모두 함께 부르는 노래로 유명합니다. 야구에 진심인 나라답게 이 노래는 아이들 사이에서도 널리 불리는데, 가사에 등장하는 크래커잭은 캐러멜 팝콘과 땅콩이 들어 있는 미국 야구장의 대표 간식입니다.

Pop Goes the Weasel

구두장이의 작업대를 빙글빙글 돌면서 원숭이가 족제비를 쫓는다는 내용의 노래입니다.

Wind the Bobbin Up

'bobbin'은 실을 감는 실패를 말합니다. 이 노래는 경쾌한 리듬에 맞추어 가사 내용대로 실을 감는 등의 동작을 하는 율동이 재미있습니다.

Here We Go Looby Loo

여럿이 둥글게 서서 가사에 맞춰 손, 발, 머리를 앞으로 내밀었다가 다시 뒤로 빼고 흔들기도 하는 등 춤을 추며 부르는 노래입니다. 유사한 노래로 〈Hokey Pokey〉가 있습니다.

마더구스와 유튜브

인간에게는 유희, 즉 재미있게 놀고자 하는 본능이 있습니다. 이 유희에 대한 본능이 시각적으로 표현되면 미술이 되고, 음악적으로 표현되면 노래가 되고, 언어적으로 표현되면 문학이 됩니다.

유튜브나 넷플릭스 등 요즘은 워낙 즐길 거리가 많지만 사실 인류 역사에서 컬러 유성 영화가 본격화된 지(1930년대)는 채 100년도 되지 않았습니다. 우리나라에 컬러 TV가 대중화된 것(1980년대) 역시 불과 40여 년 전이고 스마트폰이 보급된 지(2010년대)는 10년 남짓 되었습니다.

오늘날과 같이 다양한 즐길 거리가 없었던 시대에는 노래와 이야기가 그 역할을 했습니다. 난센스 시나 수수께끼 같은 언어유희를 담은 마더구스도 몇 백 년 전 아이들에게는 오늘날의 유튜브만큼이나 재미있는 오락거리였던 셈입니다.

PART 4

영어 그림책 고르기

영어 그림책의 종류별 특징

어떤 그림책을 고르는 것이 좋을지 알아보기 전에 우선 영어 그림책의 종류별 특징을 잠깐 살펴보고 넘어가겠습니다. 여러 기준에 따라 분류해 볼 수 있겠지만 여기서는 ①국내 전집과 외국 원서*, ②외국 원서 중 단행본과 시리즈물로 비교해 보겠습니다.

국내 전집 vs. 외국 원서

넓은 의미의 영어 그림책(그림과 영어가 함께 있는 아동용 그림책)은

---

* 외국 원서도 대상 독자에 따라 ① 픽처북(어른이 읽어 주는 이야기를 듣는 아이들), ② 리더스(스스로 읽기 시작하는 아이들), ③ 챕터북(긴 호흡으로 혼자 읽는 아이들) 등으로 나뉩니다만, 여기에서는 픽처북을 의미합니다.

국내 출판사에서 영어 학습을 목적으로 출판하는 국내 전집과 영미권에서 출판되는 그림책(이하 '외국 원서')으로 나누어 볼 수 있습니다.

국내 전집의 가장 큰 장점은 엄마 입장에서 활용이 쉽다는 점입니다. 한번 들여 놓으면 최소 몇 달은 보기 때문에 일일이 한 권 한 권 사 모으기 어려운 바쁜 엄마들에게 유용합니다. 게다가 일단 전집이라는 게 있으면 심리적으로도 굉장히 안정되고 보통 전집들은 단계가 있기 때문에 진도를 빼는 느낌도 납니다. 부모 세대는 영어를 '공부'로 접해 온 세대라 이렇게 눈에 보이게 진도가 나가는 느낌을 선호하는 편입니다. 그리고 출판사에서는 대부분 책 외에도 전자펜, 음원, 동영상, 워크북, 교구, 방문 수업 등의 패키지를 같이 제공하기 때문에 일종의 자체 생태계를 구축할 수 있다는 것도 장점 중 하나입니다.

반면에 국내 전집의 가장 큰 한계는 태생적으로 외국어 학습이라는 목적에 포커스를 맞추어 만든 책*이라는 점입니다. 사실 '교육용'이라는 타이틀이 붙는 순간 언어는 필연적으로 생명력을 일부 잃게 됩니다.

예를 한번 들어 보겠습니다. 우리가 한국 사람들끼리 대화할 때

---

* 그런 의미에서 외국어로서의 영어 학습을 위해 영미권에서 만드는 전집도 성격상 이 분류에 속합니다.

는 표현상 아무 제약 없이 자유롭게 이야기를 합니다. 그런데 그 대화에 우리말을 배우는 외국인이 한 명이라도 끼게 될 경우, 내가 하는 말에 어려운 표현이 없는지 무의식적으로 검열을 하고 말하게 됩니다.

성인인 외국인이 껴도 이런데 영어를 배우려는 외국인 영유아를 대상으로 하는 경우에는 어떨까요. 날것 그대로의 언어가 아니라 외국인을 위해 적절히 가공된 언어를 사용하게 됩니다(바로 이 점 때문에 엄마 입장에서 국내 전집이 더 쉽게 느껴지는 것입니다).

'Tuck me in'이라는 표현을 한번 보겠습니다. Tuck me in은 재워 달라는 뜻으로, 원어민 아이와 엄마가 거의 매일 쓰는 표현입니다. 하지만 국내 전집은 Tuck me in이라는 말보다는 'Let's go to bed'나 'It's time for bed' 정도로 끝내는 경우가 대부분입니다. 물론 이 표현도 많이 쓰는 말이고 틀린 표현이 아니지만, 외국인이 어렵게 느끼지 않을 정도로 가공된, 딱 그만큼의 영어만 담고

있습니다.

여기서 생각해 볼 점은 우리 아이가 마주할 영어의 세상은 그렇게 가공된 세상이 아니라는 것입니다.

우리는 학교 수업이나 토익 시험에서 높은 점수를 받아도 막상 미국에 가 보면 평소에 알던 표현이 아닌 영어를 접할 때가 많습니다. 미국 여행을 갔던 때를 한번 떠올려 볼까요? 식당에서 웨이터가 주문을 받으러 다가오는 순간부터 긴장이 됩니다. 혹시 내가 모르는 영어를 쓰면 어떡하지 싶어 침도 마르고요. 역시나 웨이터의 말은 휘리릭 지나가고 분명히 길지도 않은데 의미를 모르겠습니다. 결국 멋쩍은 웃음과 함께 메뉴판의 번호를 읊는 것으로 주문을 마무리합니다.

우리가 가뜩이나 육아로, 일로 바쁜 시간을 쪼개어 엄마표 영어를 하는 것은 내가 했던 그 경험을 아이는 하지 않길 바라서일 것입니다. 그렇다면 영미권 아이들이 자연스럽게 접하는 그림책을 우리 아이도 똑같이 접하는 것이 최선입니다.

다음은 외국 원서입니다.

외국 원서의 장점은 날것으로의 영어, 즉 언어로서의 영어를 담고 있다는 점입니다. 글과 그림에 영미 문화가 자연스럽게 녹아 있기 때문에 아이가 나중에 영미권에서 생활하게 될 때 적응에 도움을 줍니다.

사실 외국 원서가 좋다는 점은 누구나 공감할 부분입니다. 다만 영미 문화나 유머 코드에 친숙하지 않으면 이해가 어렵다는 단점은 있습니다. 바꿔 말하면 영미권의 문화적 요소를 조금씩이라도 알게 되면 그림책을 더 재미있게 즐길 수 있다는 의미도 됩니다. 그리고 아무래도 어린이용 그림책이다 보니 반복되는 문화 코드도 많아서 처음 몇 달만 좀 헤매면 그 이후로는 수월하게 읽을 수 있습니다.

엄마 입장에서 또 한 가지 외국 원서의 단점은 국내 도서와 달리 전집 개념이 없다는 것입니다(시리즈물을 일종의 전집으로 볼 수도 있겠지만, 같은 캐릭터가 연속된 맥락에서 등장한다는 점에서 등장인물과 소재가 다양한 국내 전집과는 성격상 차이가 있습니다). 전집이 없다는 것은 엄마가 직접 한 권 한 권 골라야 한다는 의미인데 바쁜 엄마 입장에서는 번거롭기도 하고, 내가 고르는 책이 좋은 책이 맞는지 스트레스도 받습니다. 특히 엄마가 영어에 대한 친밀도가 낮을수록 미지의 영역에 대한 불안감이 클 수 있습니다.

이런 어려움은 〈정정혜 샘과 함께하는 첫 영어 그림책〉(정정혜), 〈하루 20분 영어 그림책의 힘〉(이명신), 〈영어 그림책 느리게 100권 읽기의 힘〉(고광윤) 같은 책의 도움을 받으면 한결 수월해집니다.

제가 느끼기에 엄마들이 원서 그림책에 심리적 거리감을 느끼는 결정적인 이유는 학습용 교재와 달리 레벨 구분이나 커리큘럼

이 없다는 점에 있는 것 같습니다. 학습용 교재는 엄마에게 '내 아이가 몇 단계까지 뗐고 이제 다음 단계로 넘어가면 된다' 같은 통제감을 주는데, 일반 그림책인 원서는 진도랄 게 없고 몇 권 읽는다고 아이 실력이 당장 눈에 띄게 느는 것 같지도 않기 때문입니다.

하지만 원서의 장점은 정해진 커리큘럼에 따른 한정된 주제와 표현에서 벗어나 매우 다양한 주제의 재미있는 책이 많다는 점입니다. 그중에서 아이 취향에 맞는 것을 잘 골라 주면 아이는 학습용 교재보다 훨씬 재미있게 그림책을 즐기게 됩니다. 그리고 그 책에서 더 나아가서 관련된 다른 책을 다양하게 읽다 보면 학습용 교재를 통해서는 익힐 수 없는 현실 영어를 자연스럽게 익힐 수 있습니다.

정리하면, 아이의 자연스러운 영어 습득을 위해서는 외국 원서를 읽는 것이 가장 좋습니다. 만약 엄마가 아직 영어에 친숙하지 않아서 국내 전집이 더 편하다면 첫 시작은 국내 전집으로 하더라도 한 달에 한 권, 2주에 한 권 등 원서를 조금씩 섞어서 점차 원서 비중을 늘리는 것을 추천합니다.

원서의 종류

1) 픽처북(스토리북) : 아직 글을 읽지 못하는 아이에게 어른이 읽어 주는 그림책으로, 아이 수준에 맞게 인위적으로 가공된 문장을 사용하지 않고 자연스러운 실생활 언어를 사용합니다. 그래서 문장의 수준도 아주 쉬운 것부터 상당히 어려운 것까지 다양합니다.

읽기 연습에 포커스가 있는 리더스에 비해 작품성이 뛰어난 편이라 어른들이 봐도 좋은 책이 많습니다. 칼데콧 상, 케이트 그린어웨이 상 같은 주요 아동문학상도 픽처북을 대상으로 하고 있습니다.

판형은 두꺼운 하드보드지로 된 보드북과 양장본에 해당하는 하드커버, 얇은 종이로 된 페이퍼백이 있습니다. 나이가 아주 어린 아이에게는 대체로 보드북이 적합하고, 차차 자라면서 하드커버나 페이퍼백 판형을 보게 됩니다.

<Biscuit>, <Pete the Cat>, <Curious George>, <Olivia>, <Arthur>, <The Berenstain Bear>, <Pout-Pout Fish>, <Grumpy Monkey> 등 인기 있는 픽처북이 쉬운 문장의 리더스로 재구성되어 출판되는 경우도 많으므로 픽처북을 읽어 줄 무렵부터 아이가 좋아하는 캐릭터를 눈여겨보았다가 리더스 단계에서 활용해 주면 좋습니다.

2) 리더스 : 스스로 읽기를 배우는 아이들이 읽기 연습용으로 접하는 책들입니다. 'I Can Read', 'Ready to Read', 'Step into Reading', 'Scholastic Reader' 등의 타이틀로 출판되는 책들이 이와 같은 분류에 속하고 영국의 ORT(Oxford Reading Tree)도 성격상 여기에 해당됩니다.

책의 내용보다도 읽기 그 자체를 배우는 것에 포커스가 맞추어져 있기 때문에 픽처북과 달리 명시적으로 레벨이 정해져 있습니다. 레벨별로 문장의 길이와 어휘 수준 등이 달라지는데, 초기 레벨은 글자가 크고 문장이 짧고 레벨이 높아질수록 챕터북에 가까울 정도로 줄글이 많아 집니다.

3) 챕터북 : 리더스를 읽으며 이제 혼자 읽기가 어느 정도 익숙해진 아이들이 본격적인 소설을 읽기 전에 과도기 단계에서 접하는 책입니다. 이름 그대로 책 전체가 하나의 긴 흐름으로 이어지지 않고 몇 개의 챕터로 나뉘어 있습니다.

대표적으로 <Magic Tree House>, <Junie B. Jones>, <Ivy + Bean>, <Judy Moody>, <Flat Stanley>, <Nate the Great> 등이 인기가 있습니다.

챕터북 단계를 지나면 아이들은 본격적으로 긴 소설이나 비문학 작품 등을 읽게 됩니다.

단행본 vs. 시리즈물

외국 원서도 단행본과 시리즈물로 나눠 볼 수 있습니다. 단행본은 캐릭터에 대한 배경 지식이 없어도 쉽게 접근할 수 있어서 그림책에 입문할 때는 단행본으로 시작하는 게 좋습니다. 시리즈물에 비해 문학적으로 깊은 울림을 주는 경우가 많다는 것도 장점입니다.

이 책은 화물열차를 간결한 문체와 강렬한 색감으로 표현한 작품입니다. 보드북 판형은 한 손에 들어오는 크기라 어린아이들이 보기도 좋고 그림과 글이 간결하여 의미도 직관적으로 깨달을 수 있습니다. 기차가 떠난 모습 gone을 시각적으로 그려 낸 마지막 장면은 볼 때마다 감탄을 자아냅니다. "It's  gone." 같은 문장은 우리나라 사람들이 잘 쓰지 못하는 표현이지만 이렇게 그림책으로 접하면 자연스럽게 익숙해질 수 있습니다.

The Snowy Day(Ezra Jack Keats)

피터는 눈밭에서 신나게 놀다가 주머니에 눈 뭉치를 넣어 집으로 돌아옵니다. 엄마에게 얼마나 재미있게 놀았는지 알려 주고 기분 좋게 목욕까지 한 뒤 주머니 속 눈을 꺼내 보지만 이미 다 녹아 버린 뒤였습니다. 피터는 큰 슬픔에 빠졌지만 다행히 다음날도 눈이 내려 신나게 놀러 나갑니다.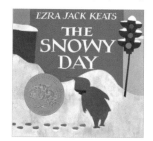

저희 아이 역시 피터처럼 눈덩이를 손에 꼭 쥐고 온 적이 있습니다. 물기만 남은 손바닥을 보며 눈물을 그렁그렁하던 아이는 이 책을 읽으며 피터가 자기처럼 슬퍼하는 장면을 한참 바라보았습니다. 그리고 피터가 다시 신나게 뛰어노는 모습을 보며 기뻐했습니다.

이처럼 아이들은 이야기를 통해 다른 시공간 속 주인공들을 만나 교감하고 위로받습니다. 그러면서 자기만의 방식으로 조금씩 세상을 알아 나갑니다.

다만 단행본은 간혹 문학적 상징을 사용하거나 지나치게 축약된 언어를 쓸 때도 있어서 단행본만으로는 우리 일상생활에서 사용하는 언어를 모두 커버할 수 없다는 단점이 있습니다.

예를 들어 도토리로 시작된 자연의 순환을 다루는 〈Because of an Acorn〉은 아이들이 좋아할 만한 아름다운 그림이 장점이지만 메시지가 압축적인 문장으로 표현되어 있습니다. 그래서 이런 텍스트만으로는 표현력을 기르는 데 한계가 있습니다.

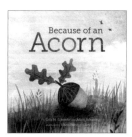

원어민 아이와 달리 일상의 영어 대화를 접할 기회가 부족한 우리의 경우에는 단행본과 시리즈물을 적절히 섞어서 읽어 주는 것이 아이의 표현력 신장 면에서 가장 효과적입니다.

시리즈물에는 〈Maisy〉, 〈Peppa Pig〉, 〈Llama Llama Red Pajama〉, 〈The Pout-pout Fish〉, 〈Little Blue Truck〉, 〈Spot〉, 〈Biscuit〉, 〈Pete the Cat〉, 〈Little Critter〉, 〈Froggy〉, 〈Curious George〉, 〈Olivia〉, 〈Arthur〉, 〈The Berenstain Bears〉 시리즈 등이 있습니다.

시리즈물의 가장 큰 장점은 일상생활을 소재로 하고 있기 때문에 아이에게 친숙하고, 사용되는 영어 텍스트도 당장 생활에 활용할 수 있을 정도로 구체적이라는 점입니다. 그리고 등장하는 캐릭터를 중심으로 생태계를 만들어 주면 아이의 가상의 영어 친구가 생기는 효과를 얻을 수도 있습니다.

그림책으로 외국인 친구 만들기

시리즈 그림책들은 구체적인 일상생활을 배경으로 하고 있어 아이가 좋아하는 캐릭터를 중심으로 영어 생태계를 만들어 주기 좋습니다. 그러면 아이는 마치 외국인 친구가 생긴 것처럼 영어의 세계에 더욱 빠져들 수 있습니다. 이때 유용하게 활용할 수 있는 것이 해당 시리즈물에 등장하는 캐릭터 인형입니다.

예를 들어, 저희 아이가 특히 좋아했던 시리즈물 중에 <Little Blue Truck>, <The Pout-Pout Fish>, <Llama Llama Red Pajama>, <Pete the Cat>, <Curious George>, <The Berenstain Bears>가 있습니다. 여기에는 파란 픽업트럭, 뿌루퉁한 물고기, 빨간 잠옷을 입은

라마, 긍정적인 고양이, 호기심 많은 원숭이, 그리즐리곰 가족이 주인공으로 등장합니다. 미국에서도 워낙 인기가 있는 시리즈물이라 관련 상품도 많습니다. 그래서 아마존에서 캐릭터 봉제 인형(plush toy)을 사 주었더니 아이가 그 캐릭터를 진짜 친구처럼 대했습니다. 이때 아이가 책 내용을 쉽게 떠올릴 수 있도록 일상에서 "아, 저거 '큐리어스 조지'도 했던 거잖아."라고 넌지시 툭 던져 주니 더욱 효과가 좋았습니다.

한편 인형을 구매하면 가격표처럼 간단한 그림 카드가 같이 딸려 오곤 합니다. 저는 그림책 속 캐릭터가 아이에게 카드를 직접 써 준 것처럼 "'리틀 블루 트럭'이 오로리랑 친구가 되고 싶대."라고 능청스레 말해 주었습니다. 그랬더니 아이는 몹시 감동하며 다시 그 책을 읽고 싶어 했습니다.

미국은 카드를 주고받는 문화가 굉장히 보편화되어 있습니다. 마트나 서점에 가면 한쪽 벽면 가득히 감사 카드, 생일 축하 카드, 졸업 축하 카드, 쾌유 기원 카드, 새집 이사 축하 카드, 출산 축하 카드, 취업 축하 카드, 이직 인사 카드, 은퇴 축하 카드 등 다양한 종류의 카드를 볼 수 있습니다. 그래서 아이에게 이런 식으로 캐릭터 카드를 통해 미국의 카드 문화를 간접적으로 느끼게 해 주는 것도 좋습니다.

효과적인 그림책 고르기

시중의 엄마표 영어책은 대부분 레벨별 추천 도서를 싣고 있습니다. 하지만 그 추천 도서 자체가 너무 많아서 그중에 뭘 골라야 할지는 여전히 고민입니다. 또, 추천 도서라고 해서 읽어 주었는데 막상 아이는 별 관심이 없는 경우도 많습니다.

그렇기 때문에 책을 고르는 가장 중요한 기준은 우리 아이의 관심사가 되어야 합니다. 이때 다음 방식으로 아이 취향에 맞는 책을 골라 볼 수 있습니다.

영어 그림책 온라인 서점

영어 그림책을 판매하는 곳은 생각보다 많습니다. 제가 이용해 본 곳으로는 동방북스, 웬디북, 교보문고, 알라딘, 쿠팡로켓직구, 아마존 등이 있습니다.

그중에 저는 동방북스와 웬디북이라는 온라인 서점을 가장 자주 이용합니다. 두 사이트 모두 그림책의 주제나 추천 연령별로 모아 보기 또는 필터링이 가능해서 일정 범위로 필터링한 뒤 제 기준에 맞는 책을 고릅니다.

도서 상세 페이지에 원문이 다 나와 있지는 않은데, 원문 전체가 궁금하면 유튜브에서 '책 제목 + read aloud'로 검색해서 참고하면 됩니다.

우리가 추천 도서를 찾는 이유는 내가 고르는 책이 좋은 책이라는 심리적 안정을 원하기 때문이기도 합니다. 그런데 제가 생각하기에 '좋은 책'이라는 것은 ①아이들에게 적절한 주제의 이야기를 ②자연스러운 영어 문장으로 풀어 쓴 것이면서 ③결정적으로 우리

아이가 마음에 들어 하는 책입니다.

동방북스나 웬디북 같은 전문 서점에 입고된 책은 내용이나 텍스트 면에서 어느 정도 검증된 것이라 그 안에서 우리 아이가 좋아할 법한 책을 고르면 됩니다. 다른 사람들에게 잘 알려지지 않은 책이라도 우리 아이가 재미있어하면 좋은 책입니다.

만약 위 두 사이트에서 필터링을 해도 여전히 너무 많아서 고르기가 힘들다면 '노부영 280 리스트' 중에서 시작해 보는 것도 방법입니다. 〈노래 부르는 영어 동화(이하 '노부영')〉 시리즈는 JY Books 출판사에서 원작의 라이선스를 얻어 노래 CD와 함께 판매하는 책들입니다.

책만 사는 것보다 가격이 약간 비싸서 저는 거의 구입하지 않았지만 좋은 그림책을 엄선했다는 생각은 자주 했습니다. JY Books 홈페이지에서 '노부영 280 리스트'를 제공하고 있으니 그중 아이 취향에 맞는 것을 골라 봐도 좋을 것 같습니다.

아이의 취향에 맞는 그림책 고르는 법

그림책 고르기의 시작과 끝은 아이의 취향에 맞추는 것입니다. 이때 다음 요소를 고려하면 책을 고르기가 훨씬 수월합니다.

① **(소리) 라임이 좋은 책, 의성어 의태어가 풍부한 책**

② **(내용) 아이가 좋아할 만한 내용을 담고 있는 책**

    A. 원래 좋아하는 소재가 등장하는 책
    B. 위의 'A책'을 읽다가 아이가 관심을 보이는 소재가 등장하는 책
    C. 아이가 좋아하는 작가의 다른 책
    D. 일상에서 아이가 호기심을 갖는 소재가 등장하는 책
    E. 그림책 뒤표지에 아이가 관심을 보이는 책
    F. 아이가 현재 처한 상황 혹은 앞으로 처할 상황을 다루는 책
    G. 온라인 서점을 둘러보다가 끌리는 책

③ **(그림) 아이가 좋아하는 그림체를 담고 있는 책**

④ **(문화 코드) 현재 미국 아이들에게 인기가 많은 책**

⑤ **(언어 습득) 아이의 현재 영어 수준에서 +α를 줄 수 있는 책**

보통은 ①~⑤ 중에서 복수의 요소를 충족시키는 경우가 많습니다. 가령 〈Little Blue Truck〉(Alice Schertle)처럼 의성어 의태어가 풍부하면서(①) 우리 아이가 현재 푹 빠져 있는 자동차가 주인공이고(②-A), 미국에서도 인기가 많은 책(④) 같은 경우입니다.

① (소리) 라임이 좋은 책, 의성어 의태어가 풍부한 책

기본적으로 영유아 그림책은 대부분 운율감이 잘 살아 있고 의성어 의태어가 풍부한 편이라 대부분 이 기준을 충족합니다.

그중에서 영어 특유의 운율을 잘 살린 것으로는 〈Jamberry〉(Bruce Degen), 〈Bumpety Bump〉(Pat Hutchins), 〈Goodnight Train〉(June Sobel), 〈Llama Llama Red Pajama〉(Anna Dewdney), 〈The Pout-Pout Fish〉(Deborah Diesen), 〈We're Going on a Bear Hunt〉(Michael Rosen), 〈Construction〉(Sally Sutton) 등이 있습니다.

② (내용) 아이가 좋아할 만한 내용을 담고 있는 책

아이가 어떤 소재와 줄거리에 흥미를 느끼는지 파악할 때는 다음과 같이 세부적인 기준에 따라 생각해 보면 훨씬 찾기 쉽습니다.

A. 원래 좋아하는 소재가 등장하는 책

저희 아이는 일상에 관한 책이나, 상상력을 펼칠 수 있는 책, 색깔, 탈것 등을 다루는 책을 특히 좋아했습니다. 그래서 그런 주제를 담은 책들을 골라 읽어 주었습니다.

- **일상** : 레슬리 패트리셀리 Leslie Patricelli 작가 시리즈, <No David!>(David Shannon) 시리즈, <Baby, Please, Baby>(Tonya Lewis Lee) 등
- **상상력** : <Not A Box>(Antoinette Portis), <Duck! Rabbit!>(Amy Krouse Rosenthal), <It Looked Like Spilt Milk>(Charles G. Shaw), <No Way! This is a Pelican>(Heath McKenzie) 시리즈 등
- **색깔** : <Color Zoo>(Lois Ehlert), <Strawberries Are Red>(Petr

Horacek), <Cat's Colors>(Jane Cabrera), <Mouse Paint>(Ellen Stoll Walsh), <Mix It Up!>(Herve Tullet) 등

• **탈것** : <My Car>(Byron Barton) 시리즈, <Little Blue Truck>(Alice Schertle) 시리즈, <Where Do Diggers Sleep at Night?>(Brianna Caplan Sayres) 시리즈, <Trash Truck>(Max Keane), <Little Tug>(Stephen Savage) 등

B. 위의 'A책'을 읽다가 아이가 관심을 보이는 소재가 등장하는 책

아이들은 그림책을 보다가 그 속에 등장하는 다른 소재에 관심을 갖기도 합니다. 그런 소재가 등장하는 책을 고르는 것도 좋습니다. 예를 들어 저희 아이는 풍선이 주인공인 〈Gordon's Great Escape〉(Sue Hendra)라는 책에 한동안 푹 빠져 있었습니다. 그리고 그 책에 등장하는 마술사나 서커스가 무엇인지 궁금해했습니다. 그래서 마술사가 나오는 〈Bad Bunny's magic show〉(Mini Grey), 서커스가 나오는 〈Olivia Saves the Circus〉(Ian Falconer)를 골라 간접적으로 마술사와 서커스의 모습을 보여 주었습니다.

C. 아이가 좋아하는 작가의 다른 책

꾸준히 그림책을 보다 보면 아이가 특별히 좋아하는 작가가 생깁니다. 저희 아이는 레슬리 패트리셀리 Leslie Patricelli, 토드 파 Todd

Parr, 에릭 칼 Eric Carle, 닉 섀럿 Nick Sharratt, 새라 길링햄 Sara Gillingham의 책들을 특히 좋아했습니다. 이렇게 아이가 좋아하는 작가의 다른 책을 고르면 큰 실패 없이 아이의 취향에 맞는 책을 고를 수 있었습니다.

또, 시리즈 책 중에 아이가 좋아하는 것도 최대한 구해서 읽어 주었습니다. 저희 아이는 메이지를 좋아해서 시중에 나온 메이지 시리즈도 대부분 보았고, 소피 헨 Sophy Henn의 〈Pom Pom Panda〉 시리즈, 스티브 안토니 Steve Antony의 〈Mr. Panda〉 시리즈, 에드 비어 Ed Vere의 〈Max〉 시리즈도 좋아해서 함께 읽었습니다.

D. 일상에서 아이가 호기심을 갖는 소재가 등장하는 책

아이가 어렸을 때 햇빛에 비친 자기 그림자를 보고 신기해한 적이 있습니다. 그래서 〈The Sun Is My Favorite Star〉(Frank Asch)이라는 책에서 비슷한 장면을 읽어 주자 굉장히 반가워했습니다. 그림자의 의미를 깨닫고 난 후에는 자기 그림자를 무서운 토끼인 줄 알았다는 내용의 〈The Black Rabbit〉(Philippa Leathers)도 정말 좋아했습니다.

초승달을 보고 아이가 신기해했을 때는 〈Good Night, Baby Moon〉(James Mitchem)을, 뒷산에서 민달팽이를 본 날에는 〈Norman the Slug with the Silly Shell〉(Sue Hendra)을 읽었습니다.

E. 그림책 뒤표지에 아이가 관심을 보이는 책

아이들은 책의 본문뿐만 아니라 앞뒤 표지의 그림에도 관심을 갖는 경우가 많습니다. 특히 영어 그림책은 뒤표지에 해당 작가나 출판사의 다른 시리즈 도서 표지 사진을 실어 놓는 경우가 많은데 그중에서 아이가 관심을 가지는 것도 함께 읽었습니다.

예를 들어 저희 아이는 〈How to Grow a Friend〉의 뒤표지에서 〈How to Mend a Heart〉에 관심을 보여 같이 보았고, 〈Go Away Big Green Monster〉(Ed Emberley)의 뒤표지에 실린 시리즈작 〈Nighty Night Little Green Monster〉, 〈Glad Monster Sad Monster〉, 〈Bye-Bye, Big Bad Bullybug!〉도 좋아했습니다.

F. 아이가 현재 처한 상황 혹은 앞으로 처할 상황을 다루는 책

아이는 그림책 속 주인공에게 감정 이입을 하며 이야기에 푹 빠지는 경우가 많습니다. 그래서 현재 아이가 처했거나 앞으로 처할 상황, 가령 배변 훈련이나 어린이집 입소, 병원 방문 등을 다루는 책을 보여 주면 특히 관심을 보이곤 합니다.

- 배변 훈련할 때 : <Let's Go to the Potty>(Allison Jandu), <Potty>(Leslie Patricelli)
- 분리 수면할 때 : <Big Kid Bed>(Leslie Patricelli), <How Will I Ever Sleep In My Bed?>(Della Ross Ferreri)

- 어린이집에 입소할 때 : <Llama Llama Misses Mama>(Anna Dewdney), <When I miss you>(Cornelia Maude Spelman)
- 결혼식에 가 봤을 때 : <Maisy Goes to a Wedding>(Lucy Cousins)
- 감기에 걸렸을 때 : <Llama llama home with Mama>(Anna Dewdney), <Bear feels sick>(Karma Wilson)
- 다쳐서 깁스했을 때 : <I Broke My Trunk!>(Mo Willems), <Maisy goes to hospital>(Lucy Cousins)
- 층간 소음을 주의시킬 때 : <Noisy Night>(Mac Barnett)
- 신호등을 궁금해할 때 : <Mr. Walker Steps Out>(Lisa Graff)
- 밥 먹기 싫어할 때 : <Lunchtime>(Rebecca Cobb)
- 목욕하기 싫어할 때 : <On My Way to the Bath>(Sarah Maizes)
- 뭐든지 혼자 하고 싶어 할 때 : <Empowerment Series>(Stephen Krensky)
- 감정 표현이 깊어질 때 : <The Way I Feel Books>(Cornelia Maude Spelman) 시리즈
- 블록 놀이 하다가 화낼 때 : <The Rabbit Listened>(Cori Doerrfeld)
- 사과하는 법을 알려 줄 때 : <How to Apologize>(David LaRochelle)
- 계절이 바뀔 때 : Kevin Henkes의 <When Spring Comes> 시리즈, Kenard Pak의 <Goodbye Winter, Hello Spring> 시리즈

G. 온라인 서점을 둘러보다가 끌리는 책

저는 보통 출퇴근길이나 점심시간에 온라인 서점을 한 번씩 훑어보곤 합니다. 이때 할인 이벤트를 하거나 추천 도서로 뜨는 것 중 마음에 드는 책도 구매합니다.

예를 들어 〈There's a Monster in Your Book〉(Tom Fletcher) 시리즈는 아이가 번역본인 〈책 속에 괴물이 있어〉를 워낙 좋아하던 차에 할인 이벤트를 해서 전체 시리즈를 사 보았는데 다른 책도 굉장히 좋아했습니다.

③ (그림) 아이가 좋아하는 그림체를 담고 있는 책

평소에 아이에게 우리말 책이나 영어책을 읽어 주다 보면 파스텔톤을 좋아한다든지, 원색의 강렬한 대비를 좋아한다든지, 동물 그림이 많은 걸 좋아한다든지 등 아이가 유독 좋아하는 그림체를 파악할 수 있습니다. 그런 취향에 맞는 그림책을 고르는 것도 방법입니다.

그림이 마음에 든다면 글자 수는 줄여 읽어나 약간 다르게 변형해서도 읽어 줄 수 있습니다. 가령 〈How to Grow a Friend〉(Sara Gillingham)는 꽃을 키우는 법, 친구와 우정을 쌓는 법을 비유적으로 이야기하는 내용인데, 처음 읽었을 당시 아직 아이가 어려서 우정이란 개념을 이해하기는 어려울 것 같아 friend를 flower로 바꾸어 읽어 주었습니다.

한편, 저는 사진으로 된 책은 웬만하면 구해서 읽어 주었습니다. 그중에 좋았던 것으로는 〈My five senses〉(Margaret Miller), 〈Go, Go, Go!〉(Stephen R. Swinburne), 〈Hands Can〉(Cheryl Willis Hudson), 〈Lots of Feelings〉(Shelley Rotner), 〈Shades of People〉(Shelley Rotner), 〈Bread Bread Bread〉(Ann Morris), 〈The Little Girl Who Wanted to Be Big〉(Dave Engledow) 등이 있습니다.

④ (문화 코드) 현재 미국 아이들에게 인기가 많은 책

언어 습득은 그 언어를 사용하는 사람들과 공통의 관심사를 공유하는 것이기도 합니다. 그래서 저는 아이에게 가급적 '지금 이 시점에 미국 아이들이 즐겨 읽는 책'도 자주 읽어 주는 편입니다. 이때 주로 유튜브나 아마존을 활용합니다.

유튜브에서 'books for toddlers' 혹은 'books for (숫자) year old'로 검색하면 미국 엄마들의 도서 추천 영상을 볼 수 있습니다.

이렇게 찾은 책들 중에서 좋았던 것으로 〈Little Blue Truck〉 시리즈, 〈Llama Llama〉 시리즈, 〈The Pout-Pout Fish〉 시리즈, 〈Where Do Diggers Sleep at night?〉(Brianna Caplan Sayres) 시리즈, 〈Trashy Town〉(Andrea Zimmerman), 〈The Goodnight

Train〉(June Sobel), 〈Steam Train, Dream Train〉(Sherri Duskey Rinker), 〈Goodnight, Goodnight Construction Site〉(Sherri Duskey Rinker) 등이 있습니다.

아마존 사이트에서는 또래 엄마들의 후기를 참고하기 좋습니다. '몇 살인 아이에게 읽어 주었다.' 같은 내용을 기준으로 삼아서 우리 아이도 흥미를 가질 만한 내용인지 가늠해 볼 수 있습니다. 어린이 그림책 인기 랭킹이나 연령별 추천 도서 등도 종종 살펴보면 도움이 됩니다.

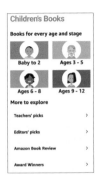

⑤ (언어 습득) 아이의 영어 습득 면에서 +α를 줄 수 있는 책

아이의 현재 영어 습득 수준에서 플러스 알파를 줄 수 있는 그림책을 잘 활용하면 언어 감각을 기르는 데 도움이 됩니다. 제가 활용한 그림책 몇 가지를 소개해 보겠습니다. 다만 저도 모든 책을 이렇게 깊이 생각하고 골랐던 것은 아니고, 그냥 이런 식으로도 생각해 볼 수 있다 정도로 이해하시면 좋겠습니다.

I Used to Be Afraid(Laura Vaccaro Seeger)

〈Lemons Are Not Red〉와 칼데콧 아너작 〈First the Egg〉, 〈Green〉등으로 잘 알려진 로라 바카로 시거 Laura Vaccaro Seeger 의

책입니다. 이 책은 우리나라 사람들이 어려워하는 'I used to' 동사(옛날엔 그랬는데 지금은 안 그렇다는 뉘앙스) 구문이 그림과 함께 잘 어우러져 있어 골랐습니다. 아이는 "I used to be afraid of something, but not anymore."라는 표현과 "예전에는 ○○가 무서웠지만 지금은 아니다."라는 의미가 시각적으로 잘 드러나는 그림의 조화를 통해 자연스럽게 쓰임새를 이해할 수 있었습니다.

What Does an Anteater Eat?(Ross Collins)

이 책은 자기가 뭘 먹고 사는지 모르는 개미핥기가 지나가는 동물에게 '혹시 개미핥기가 뭘 먹고 사는지 아시나요?' 하며 물어본다는 내용의 책입니다. 내용 자체도 재미있지만 영유아 그림책에서 쉽게 찾기 힘든 완곡한 문장(Do you happen to know~?, I wonder if I might ask~)이 나와서 아이에게 들려주고자 골랐습니다.

Bear Books(Frank Asch)

이 책을 접할 무렵 저희 아이는 딱 말문이 트일 것 같은 시기였습니다. 그래서 약간 긴 호흡의 영어를 들려줄 수 있는 책을 찾던 차에 평소 아이가 좋아하던 작가인 프랭크 애시의 이 시리즈를 골랐습니다. 생활 동화 느낌이라 소재가 친숙하고, 글자 수는 약간 많지만 문장 자체는 짧고 단순한 편이고, 어휘도 대부분 아이가 알고 있던 것들이라 큰 어려움 없이 영어 몰입도를 높일 수 있었습니다.

Pancakes, Pancakes!(Eric Carle)

이 책은 잭이라는 아이가 팬케이크를 먹고 싶어서 엄마가 말하는 각종 재료들을 구해 온다는 이야기입니다. AR지수가 3.6으로 얼핏 생각하기에는 어려워 보이지만, 다음 사항을 고려했을 때 당시 저희 아이 수준에서 플러스 알파가 있을 것 같아 골랐습니다.

먼저, 글자 수는 많지만 문장 하나하나는 짧은 편이고, 서사 구조가 반복되어 아이 입장에서 예측이 가능했습니다. 특히 이미 재미있게 읽고 있던 〈It's My Birthday〉(Helen Oxenbury)와 유사해서 아이에게도 친숙했습니다.

또한 팬케이크라는 소재가 굉장히 미국적이어서 아이에게 소개하고 싶었고(우리나라 가정에서 김치볶음밥을 자주 먹듯이 미국 가정에서는 팬케이크를 자주 먹습니다), 실제로 저희는 매주 팬케이크를 해 먹고 있었기 때문에 아이에게도 익숙한 소재였습니다.

주인공 이름이 '잭'인 것도 마음에 들었습니다. 어떤 나라의 대표적인 이름은 그 언어의 소리적 특징을 담고 있는 경우가 많습니다. '미카엘'이 미국으로 가면 마이클이 되고, 프랑스로 가면 미셸이 되고, 러시아로 가면 미하일이 되듯이 각 언어의 이름은 고유의 특징을 갖고 있습니다. 잭 역시 영어 특유의 소리(예 : back, pack,

rack, sack, hack, lack, zack 등)를 담고 있어 아이가 친근하게 느끼
도록 해 주고 싶었습니다.

한편 저는 아이 수준에 맞지 않게 글자 수가 많으면 축약해서
읽어 주는 편인데 이 페이지를
읽을 때 원문 그대로 읽었던 이
유는 언어 습득 면에서 자극을
줄 수 있는 몇몇 포인트가 있었
기 때문입니다.

- mill(방앗간)과 miller(방앗간 주인)의 쓰임새를 통해 명사나 동사에 'er'
  을 붙여서 사람으로 칭하는 영어 구조에 적응할 수 있습니다.
- as much as 구문은 원어민이 일상 회화에서 자주 쓰는 구문임에도 우리
  말에 이런 구조가 없다 보니 우리나라 사람들은 잘 사용하지 못합니다. 이
  런 구문은 그림책으로 접하면 훨씬 자연스럽게 익힐 수 있습니다.
- sickle, chaff, flail이라는 단어는 그 자체로는 아이가 뜻을 모르는 단어이
  지만 각 단어가 담고 있는 /익클/, /ㅐ프/, /레일/이라는 소리는 영어에서 아
  주 빈번하게 등장하는 전형적인 소리입니다. 그리고 아이가 그런 단어들,
  즉 pickle, popsicle, tickle, half, snail, whale 같은 것을 이미 친숙하게 사
  용하고 있기 때문에 단어 앞부분의 소리 차이에 따라 의미가 달라진다는
  포인트를 깨치게 할 수 있습니다.

촉감책, 조작북, 사운드북, 상호 작용 그림책

아이들은 스토리가 있는 그림책 외에도 촉감책, 조작북, 사운드북, 인터랙티브북을 통해 영어의 세계에 빠져들곤 합니다. 이런 책은 아이에게 영어 권태기가 왔을 때 다시 흥미를 돋울 수 있어 큰 도움이 됩니다. 다음은 제가 접해 본 것 중에서 추천하고 싶은 책들입니다.

1) 촉감책, 조작북

- (작가) Dorothy Kunhardt : <Pat the Bunny> 시리즈
- (작가) Karen Katz : <Where Is Baby's Belly Button?> 시리즈
- (출판사) Priddy Books : <A Changing Colors Book> 시리즈

2) 사운드북

- (출판사) DK : <My Best Pop-Up> 시리즈
- (출판사) Priddy Books : <Noisy Fire Truck> 등
- Discovery 시리즈 : <Oink on the Farm!> 시리즈

3) 상호 작용 그림책

- (작가) Ed Emberley : <Go Away Big Green Monster> 시리즈
- (작가) Herve Tullet : <Mix it Up> 시리즈
- (작가) Bill Cotter : <Don't Push the Button!> 시리즈

수상작과 렉사일 지수, AR 북 레벨

국내 온라인 서점이나 아마존 사이트를 보다 보면 상세 페이지에서 '칼데콧 수상작', 'AR 2.5', 'AD500L' 같은 말을 볼 수 있습니다. 그러한 영미 아동문학상의 종류와 텍스트 난이도 지수에 대해 간단히 살펴보겠습니다.

아동문학상의 종류

영어 그림책의 표지를 보면 보통 글 작가author와 삽화가illustrator가 소개되어 있습니다. 이러한 글 작가와 삽화가를 대상으로 각각 미국도서관협회 ALA와 영국사서협회 CILIP가 매년 시상하는 권위 있는 아동문학상이 있습니다.

종류	미국		영국	
	글 작가	삽화가	글 작가	삽화가
	뉴베리 상	칼데콧 상	카네기 상*	케이트 그린 어웨이 상*
제정연도	1922년	1938년	1936년	1955년
주최	미국도서관협회		영국사서협회	
시기	매년 1월 본상 수상작과 주요 작품honor books 발표**		매년 2~3월 후보군 발표, 6월 수상작 발표	
대상	미국에서 출판된 작품의 저자 이면서 미국시민권·영주권자		영국에서 출판된 작품의 저자	

〈Last Stop on Market Street〉(Matt de la Peña)***나 〈The Undefeated〉(Kwame Alexander)****, 〈Watercress〉(Andrea Wang)***** 같이 뉴베리 상과 칼데콧 상을 동시에 수상하는 경우도 간혹 있기는 하지만 대체로 뉴베리 상과 카네기 상 수상작은 그림이 별로 없는

---

* 2022년 요토(Yoto)사가 공식 스폰서가 되면서 카네기 상을 Carnegie Medal for Writing, 케이트 그린어웨이 상을 Carnegie Medal for Illustration로 명칭을 변경하였습니다. 다만 여기서는 대중적으로 익숙한 카네기 상, 케이트 그린어웨이 상이라고 표현하겠습니다.

** 뉴베리 상과 칼데콧 상의 경우 엄밀하게 수상작(winner)은 메달 작품이고 아너 북스는 그와 함께 견주었던 후보작들이지만 대중적으로는 위너작과 아너작을 통칭하여 수상작이라고 부르는 경우가 많습니다.

*** 2016 Newbery Winner이자 Caldecott Honor

**** 2020 Caldecott Winner이자 Newbery Honor

***** 2022 Caldecott Winner이자 Newbery Honor

긴 줄글로 된 책이 많습니다. 그래서 영유아에게 읽어 줄 책을 고를 때는 칼데콧 상과 케이트 그린어웨이 상 수상작이 좀 더 참고가 되는 편입니다.

이런 수상작들은 전문가의 검증을 받았다는 점에서 눈길이 한 번 더 가는 책임에는 분명합니다. 주요 온라인 서점에도 수상작 코너만 따로 두고 있을 정도입니다. 다만 아무리 남들이 좋다는 책이어도 우리 아이의 관심사에 맞지 않으면 의미가 없으니 아이의 취향을 잘 살펴서 고르는 것이 좋겠습니다.

① 글 작가에게 수여되는 상

A. 뉴베리 상 NEWBERY MEDAL*

전 세계에서 가장 오래된 아동문학상으로, 1922년부터 미국도서관협회에서 매년 한 편의 수상작 Newbery Winner 을 선정하여 글 작가에게 뉴베리 메달을 수여하고, 주목할 만한 몇몇 작품을 아너작 Newbery Honor Books 으로 선정합니다. 뉴베리 위너작과 아너작은 대체로 그림책 표지에 동그라미 모양의 금색(위너작) 혹은 은색(아너작) 씰이 붙어 있어 눈에 띕니다. 상의 이름인 뉴베리는 18세기 영국의 아동문학 출판업자인 존 뉴베리 John Newbery 에서 따왔습니다.

---

*   https://www.ala.org/alsc/awardsgrants/bookmedia/newbery

아동문학의 아버지, 존 뉴베리

요즘은 책육아라는 말이 익숙하지만 사실 아이들을 즐겁게 하기 위해 재미있는 이야기를 들려준다는 개념은 19세기에 이르러야 보편화되었습니다. 그 전까지 아이들은 미성숙한 인격체로 홀대 받기 일쑤여서 아이들을 위한 동화라는 것도 변변찮았습니다. 백설공주나 신데렐라, 헨젤과 그레텔 등 우리가 동화로 알고 있는 그림 형제 이야기의 원작이 잔인한 것도 원래 어른들이 즐기던 민간 설화를 모아 놓은 것이기 때문입니다. 독일의 언어학자였던 그림 형제는 독일어의 변천사를 연구하기 위해 구전 설화를 집대성했는데 이것이 나중에 편집을 거쳐 어린이용 문학이 되었습니다.

이런 시대 상황에서 존 뉴베리는 어린이용 시와 속담, 알파벳 송 등을 묶어 1744년 <A Little Pretty Pocket-Book>을 출판하면서 당시로서는 혁신적이게도 어린이용 사이즈로 예쁜 색깔의 표지를 입혀 책을 만들고, 부록 격으로 핀쿠션을 넣어 판매했습니다. 이때는 아이들에 대한 체벌이 당연시되던 사회였는데 뉴베리는 체벌 대신 놀이를 통해 아이를 훈육할 수 있도록, 착한 일을 하면 빨간 면에 핀을 꽂고 나쁜 일을 하면 검은 면에 핀을 꽂을 수 있는 어린이용 핀쿠션을 만들어 책과 함께 판매했던 것입니다. 그 후에도 어린이용 출판물의 수준을 높이고 작품의 주제도 다양화하는 등 어린이책을 위해 애썼고, 오늘날까지 영미 아동문학의 아버지로 평가받습니다.

출처 : https://en.wikipedia.org/wiki/John_Newbery

B. 카네기 상 CARNEGIE MEDAL*

미국의 뉴베리 상처럼 영국에서도 영국사서협회가 1936년부터 매년 초 후보작들을 공개하고 Longlist, Shortlist 그중 한 편의 최종 수상작 Carnegie Medal winner 을 선정하여 글 작가에게 메달을 수여하고 있습니다.

상의 이름은 우리에게 뉴욕 카네기 홀로 이름이 친숙한 미국의 철강 사업가 앤드류 카네기 Andrew Carnegie 에게서 따왔습니다. 스코틀랜드에서 태어나 미국으로 이주한 카네기는 가정 형편 탓에 정규 교육을 거의 받지 못하고 주로 도서관에서 독학을 했다고 합니다. 그래서 노년에 2,000개가 넘는 도서관을 건립하고 카네기 멜런 대학을 설립하는 등 교육 분야에서 특히 활발한 사회 공헌 활동을 했는데 이러한 업적을 기리기 위함입니다.**

② 삽화가에게 수여되는 상

A. 칼데콧 상 CALDECOTT MEDAL***

미국도서관협회에서는 뉴베리 상을 제정한 이후 그림책의 꽃이라고 할 수 있는 삽화가를 위한 상도 마련하고자 했습니다. 그래서

---

*   https://yotocarnegies.co.uk/about-the-awards/

**   카네기 생애 참고 사이트 : https://en.wikipedia.org/wiki/Carnegie_library

***   https://www.ala.org/alsc/awardsgrants/bookmedia/caldecott

1938년, 영국의 삽화가 랜돌프 칼데콧Randolph Caldecott의 이름을 딴 칼데콧 상을 제정하였습니다. 칼데콧은 인쇄술의 발달로 그림책 시장이 한창 성장하던 19세기 영국의 3대 삽화가(랜돌프 칼데콧, 케이트 그린어웨이, 월터 크레인Walter Crane) 중 한 사람입니다.

미국도서관협회는 뉴베리 상과 마찬가지로 매년 수상작 Caldecott Winner 한 편을 꼽아 삽화가에게 칼데콧 메달을 수여하고, 그 외에 눈여겨볼 주요 작품을 아너작Caldecott Honor Books으로 선정합니다. 칼데콧 위너작과 아너작 역시 책 표지에 메달 문양과 동일한 금색(위너작) 또는 은색(아너작) 씰이 붙어 있는 경우가 많습니다.

아래 그림은 18세기 영국 낭만파 시인 윌리엄 쿠퍼William Cowper 의 〈존 길핀의 대소동 The Diverting History of John Gilpin〉(1878)에 수록된 칼데콧의 삽화입니다. 이 장면에서 말을 탄 존 길핀의 모습이 칼데콧 메달과 씰에 그대로 부조되어 있습니다.

그림 출처 : https://en.wikipedia.org/wiki/The_Diverting_History_of_John_Gilpin

B. 케이트 그린어웨이 상 KATE GREENAWAY MEDAL*

미국에 칼데콧 상이 있다면 영국에는 케이트 그린어웨이 상이 있습니다. 영국사서협회는 1955년부터 매년 초 후보작을 공개하고 Longlist, Shortlist** 그중 한 편의 최종 수상작 Kate Greenaway Medal winner을 선정하여 삽화가에게 메달을 수여합니다.

케이트 그린어웨이 상은 19세기 영국의 여류 삽화가 케이트 그  린어웨이의 이름을 따왔습니다. 오른쪽 그림은 〈피리 부는 사나이〉로 알려진 〈The Pied Piper of Hamelin〉(1888)의 삽화인 데 섬세하면서도 세련된 그림체가 요즘 시 대에도 충분히 사랑받을 것 같습니다.

저희 아이가 좋아하는 〈This Is Not My Hat〉은 캐나다 출신 작가 존 클라센 Jon Klassen의 작품입니다. 존 클라센은 이 책으로 2013년 칼데콧 메달과 2014년 케이트 그린어웨이 메달을 모두 받 는 기록을 세웠습니다. 그의 또 다른 인기 작품인 〈I Want My Hat Back〉은 2013년 케이트 그린어웨이 후보작 shortlist과 동시에 후술 하는 가이젤 상에서도 2012년도 아너북으로 선정되었습니다.

---

*   https://yotocarnegies.co.uk/about-the-awards/
**   후보가 많아 리스트 목록이 길다는 데서 유래한 롱리스트는 1차 후보군을 의미하고, 그 이후 발표되는 쇼트리스트는 롱리스트에서 추려진 최종 후보군을 의미합니다.

C. 닥터 수스 DR. SEUSS와 가이젤 상 GEISEL AWARD

- 미국의 닥터 수스 사랑

미국 어린이들이라면 모를 수 없는 그림책 작가로 닥터 수스 Dr. Seuss(1904~1991)가 있습니다. 그의 생일인 3월 2일은 닥터 수스 데이로 불리며 유치원이나 초등학교에서 책 속 캐릭터처럼 차려 입고 닥터 수스 책을 읽는 행사를 하곤 합니다.

미국 아이들은 모두 닥터 수스의 책으로 읽기를 배워 나간다고 해도 과언이 아닌데, 그 아이들이 부모가 되어서도 자녀에게 닥터 수스의 책을 읽힐 정도로 미국 어린이 그림책을 논할 때 닥터 수스를 빼놓고는 이야기할 수 없습니다.

닥터 수스는 1904년 미국 매사추세츠 주의 한 독일계 미국인 가정에서 태어났습니다. 닥터 수스라는 이름은 나중에 스스로 만든 필명으로, 본명은 테어도어 수스 가이젤 Theodor Seuss Geisel입니다.

그는 다트머스 대학에 다니던 시절 〈Jack-O-Lantern〉이라는 교내 잡지의 편집장을 맡으며 글을 기고하고 있었는데 어느 날 기숙사에서 술을 마시던 것이 적발되었습니다. 당시 미국은 금주법을 시행하고 있었기에 그는 이 사건으로 편집장 자리에서 내려와야 했습니다. 그러나 글쓰기를 포기할 수 없던 그는 잘 알려지지 않은 미들 네임 '수스'를 활용한 필명으로 계속 글을 쓰게 되었고, 이것이 차차 정식 필명으로 자리 잡는 계기가 되었습니다. 사실 수스는 독일식으로 읽으면 '소이스'에 가깝지만, 다른 사람들이 영어식 발음인 수스로 부르는 경우가 많았고 닥터 수스 자신도 마더구스와 라임이 맞는다는 점이 마음에 들어 수스로 부르기 시작했다고 합니다. 그리고 수스 앞에는 자식이 의사가 되기를 희망했던 아버지의 바람을 담아 닥터를 붙였습니다.

한편, 닥터 수스의 어머니는 아이들을 재울 때 나지막한 목소리로 라임이 잘 맞는 챈트를 들려주곤 했다고 합니다. 이런 경험이 작품에도 영향을 미쳐서 그의 책은 〈The Cat in the Hat〉, 〈Green Eggs and Ham〉, 〈Hop on Pop〉, 〈Fox in Sox〉처럼 쉽고도 라임이 잘 맞는 단어로 이야기를 풀어 나가는 것으로 유명합니다.*

이와 같은 특징이 잘 드러나는 영화로 숀 펜, 다코타 패닝 주연의 〈아이 엠 샘 I Am Sam〉이 있습니다. 작중 정신 연령이 7세인 아버지 샘은 매일 밤 딸 루시에게 닥터 수스의 책 〈Green Eggs and Ham〉을 읽어 줍니다. 일곱 살 정도의 수준으로도 아주 쉽게 읽히는 책이기 때문입니다. 그러다 점차 성장한 루시가 어느 날 새로운 책인 〈Stellaluna〉를 가져와서 읽어 달라고 합니다. 하지만 이 책은 샘이 읽기에는 버거웠고, 사려 깊은 루시는 생각이 바뀌었다며 다시 〈Green Eggs and Ham〉를 가져옵니다.

---

* https://www.pbs.org/newshour/arts/8-things-didnt-know-dr-seuss,
https://en.wikipedia.org/wiki/Dr._Seuss

가이젤 상은 닥터 수스의 본명인 테어도어 수스 가이젤에서 이름을 따온 상입니다. 뉴베리 상과 칼데콧 상의 주최자이기도 한 미국도서관협회가 2006년부터 매년 1월 아이들이 혼자 읽기 쉬우면서도 재미있는 책을 한 권씩 선정하여 글 작가와 삽화가 모두에게 메달을 수여합니다. 뉴베리 상, 칼데콧 상과 마찬가지로 아너작 Geisel Honor Books 도 발표합니다.

가이젤 상은 기본적으로 어른이 읽어 주는 그림책이 아니라 읽기 독립을 하는 아이에게 적합한 책을 대상으로 합니다. 그래서 다른 수상작들에 비해 내용 면에서나 영어 면에서나 쉽고 단순한 것이 특징입니다. 그렇지만 개중에는 엄마와 함께 읽어도 재미있게 즐길 수 있는 책이 많습니다.

예를 들어 〈I Broke My Trunk〉, 〈Are You Ready to Play Outside?〉 등 모 윌렘스 Mo Willems의 〈앨리펀트 앤 피기〉 시리즈를 비롯하여 〈Not a Box〉(Antoinette Portis), 〈The Watermelon Seed〉(Greg Pizzoli), 〈Good Night Owl〉(Greg Pizzoli), 〈I Want My Hat Back〉(Jon Klassen), 〈You Are (Not) Small〉(Anna Kang), 〈Snail & Worm Again〉(Tina Kügler), 〈Waiting〉(Kevin Henkes), 〈The Bear in My Family〉(Maya Tatsukawa), 〈First the Egg〉(Laura Vaccaro Seeger),

---

* https://www.ala.org/alsc/awardsgrants/bookmedia/geisel

⟨Move Over, Rover!⟩(Karen Beaumont) 등은 저희 아이도 굉장히 좋아했던 책입니다. 쉬운 영어 문장과 짧은 길이 덕분에 아주 어린 영유아 시기부터 즐길 수 있다는 장점이 있습니다.

렉사일 지수와 AR 북 레벨

우리말은 한글만 떼면 글을 읽는 것이 어렵지 않은 언어입니다. 하지만 영어는 알파벳 그대로 소리 나는 언어가 아니다 보니 알파벳을 알아도 줄글을 자유롭게 못 읽는 경우가 많습니다. 그래서 미국에서는 전통적으로 읽기 교육이 강조되어 왔고, 이를 위해 학생들의 읽기 능력과 책의 난이도를 각각 수치화하여 학교 교과 과정에서 활용하고 있습니다.

이때 널리 활용되는 계량화 지표가 렉사일과 ATOS입니다. 렉사일과 ATOS 모두 시험을 통해 독해 능력을 측정한 개인별 점수와 텍스트 자체의 읽기 난이도 지표를 제공하는데, 엄마가 책을 읽어 주는 단계에서 의미가 있는 것은 후자, 즉 텍스트 난이도 지표입니다. 여기서는 그러한 텍스트 난이도 지표인 렉사일 지수와 AR 레벨에 대해 간략히 살펴보겠습니다.

① 렉사일 지수 Lexile text measure

미국 메타매트릭스 MetaMetrics Inc. 사(社)가 책 속 어휘의 수준과 문장의 평균 길이를 기준으로 난이도를 점수화한 것입니다. 명시적으로 정해진 최저·최고 수치는 없으나 BR*300부터 2000L 이상까지의 범위 내에서 '숫자 + L'의 형식으로 정해집니다. L 앞에 붙는 숫자가 클수록 더 읽기 어려운 책입니다.

앞서 본 〈아이 엠 샘〉에 등장하는 두 책을 비교해 보겠습니다. 아마존에서 두 책을 검색하면 〈Green Eggs and Ham〉는 렉사일 지수가 210L, 〈Stellaluna〉는 AD550L입니다. 숫자가 클수록 난이도가 높으니 7세 수준의 샘이 〈Green Eggs and Ham〉보다 〈Stellaluna〉를 훨씬 어려워하는 것이 이해가 됩니다.

참고로 숫자 앞에 붙는 알파벳은 렉사일 코드라고 부릅니다. AD는 'Adult Directed'의 약자로, 아이 혼자 읽기보다는 어른이 아이에게 읽어 주는 것이 좋은 책이라는 의미입니다. 그래서 아직 혼자 읽기 전 단계의 영유아에게 어른이 읽어 주기 적합한 그림책은 대부분 AD코드가 붙습니다.

② AR 북 레벨 AR book level

미국 르네상스 러닝 Renaissance Learning, Inc. 사(社)가 단어의 평균

---

*   'Beginning Reader'를 뜻하는 것으로 0L 이하에 해당

길이 및 난이도, 문장의 평균 길이, 책의 분량을 기준으로 난이도를 평가한 것입니다. AR 북 레벨은 'AR + 숫자.숫자'로 구성되는데 앞의 숫자는 학년, 뒤의 숫자는 해당 학년에서의 개월을 의미합니다. 예를 들어 AR2.9는 미국 초등학교 2학년 9개월 수준에서 읽기 적당한 책이라는 의미입니다.

웬디북에서 〈Green Eggs and Ham〉와 〈Stellaluna*〉를 검색하면 AR 북 레벨이 각각 AR1.5, AR3.5입니다. 〈Green Eggs and Ham〉은 1학년 5개월 수준, 〈Stellaluna〉는 3학년 5개월 수준이라는 의미이니 역시 샘이 〈Stellaluna〉를 더듬거리며 제대로 읽지 못하는 이유를 알 수 있습니다. 참고로 영화에서 샘은 "스텔라루나와 새들은 오랫동안 말없이 앉아 있었다(They perched in silence for a long time).", "우리는 이렇게 다르게 생겼는데 어쩜 이렇게 비슷할까?(How can we be so different and feel so much alike?)"라는 문장에서 'perched, silence, different'를 제대로 읽지 못해 루시의 도움을 받습니다.

③ 그림책을 고를 때 생각할 점
렉사일 지수나 AR 북 레벨은 그림책을 고를 때 대략적인 텍스

---

*   Stellaluna는 보드북과 하드커버 버전의 텍스트가 약간 다른데, 영화에 등장한 책은 하드커버 버전입니다.

트 수준을 가늠할 수 있다는 점에서는 도움이 됩니다. 하지만 두 지표 모두 글의 앞뒤 맥락과 그림을 통한 추론 가능성 같은 정성적 요소는 배제하고 단어와 문장의 길이 등으로만 점수화한다는 한계가 있습니다. 그래서 경우에 따라 레벨이 높은 책이 더 쉽게 이해되기도 하고 반대로 레벨은 낮지만 소화가 어려운 책도 있습니다.

무엇보다도 두 지수 모두 아이가 스스로 읽는 단계에서는 좋은 참고 지표가 될 수 있겠으나 엄마가 읽어 주는 영유아 단계에서는 그림책을 고르는 결정적인 요소가 되어서는 안 됩니다. 엄마는 책 속 문장을 CD처럼 읽기만 하는 것이 아니라 의미를 유추할 수 있는 각종 제스처와 부연 설명 등을 활용할 수 있기 때문입니다.

예를 들어, 아기 곰이 엄마 얼굴을 그렸다가 친구들의 조언을 듣고 조금씩 수정한다는 내용의 〈Bread and Honey〉(Frank Asch)는 AR2.1, AD520L입니다. 지수만 보면 초등학교 저학년에게 적합한 책일 것 같지만 실제로는 영유아도 충분히 재미있어하는 책입니다. mane(사자 갈기) 같은 단어는 목 주위를 가리키는 제스처를 활용할 수 있고, 중간중간 페이지를 건너뛰어도 전체 흐름에 지장이 없어서 아이의 집중도에 따라 적절히 끊어 읽을 수도 있습니다.

아이들은 단어나 문장의 길이보다는 그림과 소재, 스토리에 관심이 있기 때문에 텍스트 레벨이 너무 낮거나 높다고 해서 배제할 것이 아니라 아이의 흥미에 초점을 맞춰 책을 골라야 하겠습니다.

영어 그림책을 구하는 곳

영어 그림책은 온라인에서 새 책을 구매하거나 중고 마켓에서 중고책을 사거나 도서관에서 빌려 볼 수 있습니다. 저의 경우, 도서 구매와 대여의 비중은 시기별로 조금씩 달랐는데 엄마표 영어를 시작한 초반에는 아이가 원할 때 항상 볼 수 있도록 하기 위해 구매 비중이 높았습니다. 처음 영어를 접할 때는 그림과 소리를 1 : 1로 정확하게 추론하기 어려우므로 몇몇 그림책을 여러 번 반복하며 아이가 영어에 익숙해지는 것이 중요하기 때문입니다.

다만 어디까지나 아이가 '좋아하는 책'을 '좋아하는 만큼' 자주 읽었다는 의미이지 복습하듯 의무적으로 읽지는 않았습니다. 그렇게 차차 영어가 익숙해진 후에는 점차 도서 보유량을 늘리며 아이가 접하는 영어의 외연을 넓혔고 말문이 터지는 시기에는 다양한 영어를 많이 들려줄 수 있도록 도서관에서 매주 새로운 책을 빌려 독서 범위를 조금씩 넓혀 갔습니다.

새 책으로 구매할 때

① 동방북스 http://www.tongbangbooks.com

도서 보유량이 방대하고 홈페이지 및 어플의 화면 구성, 고객 서비스 등이 잘 되어 있어서 이용자가 가장 많은 사이트 중 하나입니다. 웬디북과 같은 다른 온라인 서점과 마찬가지로 그림책을 1년 내내 상시 할인하고 있고 여름 휴가 시즌과 11월 블랙 프라이데이 시즌 등에 빅 세일을 진행합니다. 계절, 기념일 등 시즌에 따라 관련 그림책을 대상으로 이벤트를 하기도 합니다. 또, 표지에 약간 스크래치가 있는 등 실제로 읽는 데는 전혀 지장 없는 B급 도서를 대폭 할인 판매하고 있어 유용합니다.

② 웬디북 www.wendybook.com

도서 보유량, 할인폭, 이벤트 진행, 인지도 등 여러 면에서 동방북스와 양대 산맥을 이루는 온라인 서점입니다. 할인 이벤트도 비슷한 시기에 하는 경우가 많고, 도서 보유 현황도 동방북스와 대체로 겹치는 편입니다. 화면 구성이 세련된 편이고 '월간 웬디북'이라는 뉴스레터를 통해 북큐레이션을 제공하고 있습니다. B급 도서는 1년에 한두 번씩 모아 B급 세일전을 크게 하곤 합니다.

③ 쿠팡 로켓 직구 https://www.coupang.com/np/coupangglobal

쿠팡 와우 회원이라면 쿠팡 로켓 직구도 괜찮은 판매처입니다. 그림책 낱권당 가격은 동방북스나 웬디북 같은 서점보다 천 원 정도 비싸지만 무료 배송이라 유용합니다. 그리고 간혹 다른 온라인 서점에 입고되지 않은 책을 구매할 수도 있습니다. 예를 들어 〈Trashy Town〉(Andrea Zimmerman)이나 〈Llama Llama Red Pajama〉(Anna Dewdney) 보드북은 제가 구매할 당시만 해도 쿠팡 로켓 직구에서만 살 수 있었습니다. 다만 수급이 아주 안정적이지는 않아서 조기에 판매 종료되는 경우가 종종 있었습니다.

④ 교보문고, 알라딘, 예스24 등 대형 서점

사고 싶은 그림책이 온라인 서점이나 쿠팡에도 없으면 교보문고, 알라딘, 예스24 같은 대형 서점도 대안입니다. 〈The Pout-Pout Fish〉 시리즈 책을 구할 때, 환율이나 배송비를 감안하면 교보문고 해외 주문이 아마존보다 저렴해서 많이 이용했습니다. 대신 배송이 짧게는 1주에서 길게는 4주까지 걸렸습니다.

또 대형 서점들은 대체로 중고 서점을 동시에 운영하고 있어서 종종 희귀템을 건질 수 있어 좋았습니다. 저의 경우 〈Bumpety Bump〉(Pat Hutchins)가 그림도 아름답고 글도 운율감이 좋아서 꼭 사고 싶었는데 다른 곳에서는 판매하지 않고 아마존은 배송비가 너무 비싸서 고민하던 차에 알라딘 중고 마켓에서 구할 수 있었습니다. 알라딘과 예스24는 오프라인 중고 서점도 있어서 동선이 맞으면 종종 들러 살 게 있나 살펴보기도 했습니다.

⑤ 아마존 www.amazon.com

국내 온라인 서점이 워낙 저렴한 가격에 그림책을 판매하고 있고 배송도 빨라서 아마존은 상대적으로 많이 활용하지는 않았습니다. 그래도 〈Life Size〉(Sophy Henn), 〈Elf on the Shelf〉(Carol Aebersold)처럼 국내에서 구하기 어려운 책은 아마존 직구를 통해 구매했고, 'Little Blue Truck', 'The Pout-Pout Fish', 'Llama Llama Red Pajama' 봉제 인형도 아마존에서 구매했습니다.

⑥ 현지 구매 대행

네이버 블로거 중에는 해외에 거주하면서 그림책 구매 대행업을 하는 경우가 있습니다. 아마존 직구보다 약간 더 저렴해서 〈First 100 Lift The Flap Farm Words〉(Roger Priddy) 시리즈는 이런 방식을 통해 구매하기도 했습니다.

중고로 구매할 때

저는 도서 구매 시 저만의 원칙을 하나 두었는데 권당 만오천 원이 넘는 책은 가급적 사지 않았습니다. 그림책을 비싸게 주고 사면 엄마 입장에서는 본전 생각이 나서 자꾸 그 책을 읽히고 싶어집니다. 마침 책이 아이의 관심사에 부합한다면 천만다행이지만, 그렇지 않은 경우라면 아이에게 재미없는 책을 엄마가 자꾸 들이미는 상황이 반복되면서 영어 자체에 흥미를 잃을 수 있습니다.

사실 아이는 빳빳한 새 책이든 손때가 묻은 낡은 책이든 신경 쓰지 않습니다. 실제로 저희 아이의 반응이 폭발적이었던 그림책 중 상당수는 표지에 누군가의 이름이 쓰여 있고 중간중간 종이 접힌 자국이 있어 중고 마켓에서 권당 1~3천 원에 헐값으로 샀던 것이었습니다.

중고 마켓은 CD가 없다는 이유로 아주 저렴하게 판매하는 사람이 많아서 양서를 파격적인 가격에 살 수 있습니다. 그래서 평소에 어떤 그림책을 사고 싶은지 정해 놓았다가 중고 마켓 어플에 키워드 설정을 해 두었습니다.

입문자라면 '노부영', '잠수네'를 키워드로 해 두고 알람이 올 때마다 살펴봐도 좋습니다. 이런 경험이 쌓이면 점차 낱권 중에서도 좋은 책을 고를 수 있게 됩니다.

중고책 수선팁

추천 아이템 : 필모룩스 테이프, 아트나이프, 스카치테이프, A4 크기 라벨지, 코팅필름

- 책기둥 : 책기둥은 보드북에서 가장 빨리 해지는 곳입니다. 이때 책기둥에 필모룩스 테이프나 스카치테이프를 붙이면 말끔해집니다.
- 찢어진 페이지 : 필모룩스는 도서 보호·보수 전용 테이프로, 일반 스카치테이프에 비해 더 깔끔하고 내구성이 강합니다. 두께에 따라 609(두꺼움)과 2004(얇음)가 있고, 종류별로 너비도 다양해서 원하는 규격을 골라 활용할 수 있습니다.
- 책 표지에 적힌 이름 : 네일 리무버로 지워 보고 안 되면 스티커를 붙여서 가렸습니다.
- 조작북 분실 피스 : 해당 페이지를 스캔해서 컬러 프린트 후 코팅하거나 하드보드지를 덧대었습니다.
- 스티커 : 그림책 중에는 스티커가 포함된 것도 있습니다. 중고로 산 책에 스티커 부분이 없으면 구글링으로 해당 페이지를 찾아 A4 크기 라벨지에 컬러 프린트했습니다. 그리고 그 위에 투명 테이프를 한 번 덮어 준 뒤 크기에 맞게 잘라 쓰면 스티커처럼 활용할 수 있습니다. 저는 아이가 워낙 스티커를 좋아해서 새 책을 살 때도 스티커 페이지는 따로 스캔해 두곤 했습니다.

도서관에서 빌려 볼 때

저는 온라인 서점에서 원하는 책을 발견했을 때 해당 책을 도서관에서 빌리는 경우도 많습니다. 우연히 도서관 서가에서 처음 발견한 책도 많이 빌려 봅니다. 국내 사이트에 정보가 없는 책은 아마존에서 검색해 보고 리뷰를 참고합니다.

도서관의 가장 큰 장점은 실험적인 책을 다양하게 읽어 볼 수 있다는 점입니다. 저의 경우 〈It's Tough to Lose Your Balloon〉(Jarrett J. Krosoczka), 〈Baby Steps〉(Peter McCarty)처럼 큰 기대 없이 그림과 소재만 보고 고른 그림책에서 큰 감동을 받은 적도 많습니다.

저는 점심시간에 회사 근처 도서관에서 아이 책을 빌리곤 했습니다. 도서관은 대체로 상호대차 서비스를 제공하고 있어서 큰 도서관이 아니라도 이 서비스를 이용하면 다른 대형 도서관의 책까지 빌릴 수 있습니다.

집 근처 도서관 중 주말에도 문을 여는 곳은 아이와 함께 갔습니다. 그런 날에는 집에 돌아오는 길에 아이스크림이나 도넛 같이 평소에 잘 안 주는 맛있는 간식을 사 주었습니다.

그리고 평소에 도서관 방문에 관한 책도 자주 읽어서 아이가 도서관과 책에 대한 친밀감을 키울 수 있도록 했습니다.

- 도서관을 배경으로 하는 그림책

<Maisy Goes to the Library>(Lucy Cousins), <Lola at the Library>(Anna McQuinn), <Lola Loves Stories>(Anna McQuinn), <Curious George Visits the Library>(H. A. Rey), <Bats at the Library>(Brian Lies), <Library Lion>(Michelle Knudsen), <A Library Book for Bear>(Bonny Becker), <The Library>(Sarah Stewart) 등

PART 5

영어 그림책 이해하기

그림책 속 영미 문화

      영어 그림책을 보다 보면 단어도 쉽고 문장도 단순한데 내용이 잘 와닿지 않을 때가 있습니다. 우리에게 생소한 영미 문화를 다루고 있기 때문입니다. 여기서는 영어 그림책에서 찾아볼 수 있는 문화적 요소를 주제별로 살펴보겠습니다.

장르적 특징

① bedtime story(잠들기 전 읽어 주는 그림책)

베드 타임 스토리는 아이가 있는 보통의 미국 가정이 하루를 마무리하는 방법과도 관련이 있습니다. 미국에서는 부모와 아이가 따로 자는 경우가 대부분이다 보니 밤이 되면 부모는 아이 방으로 가서 이불을 덮어 주고 아이에게 책을 읽어 줍니다. 그리고 아이가 하품을 하면 뽀뽀를 쪽 하고 다시 부모 방으로 돌아갑니다.

미국 어린이 그림책 시장의 성장이 베드 타임 루틴의 대중화와 함께했다고 할 수 있을 정도로 이 종류의 그림책은 다양합니다. 서정적인 그림과 자장가처럼 반복되는 라임이 돋보이는 경우가 많고, 결말은 주로 "아가야, 밤이 늦었으니 이제 코 잘 자렴."으로 이어집니다. 어린 아기들을 위한 베드 타임 스토리에서는 'Beddy-bye', 'Nighty-night' 같은 귀여운 잠자리 인사도 볼 수 있습니다.

> **관련 그림책 :** <Good Night Moon>(Margaret Wise Brown), <Time for Bed>(Mem Fox), <The Goodnight Train>(June Sobel), <Nighty-night>(Leslie Patricelli), <Where Do Diggers Sleep at Night?>(Brianna Caplan Sayres), <Steam Train, Dream Train>(Sherri Duskey Rinker), <Good Night Good Night Construction Site>(Sherri Duskey Rinker), <I'm Not Sleepy!>(Jonathan Allen), <How Do Dinosaurs Say Goodnight?>(Jane Yolen), <Two Little Trains>(Margaret Wise Brown), <Ten, Nine, Eight>(Molly Bang) 등

② 스토리 전개 및 문장의 특징

우리말 그림책처럼 영어책도 여러 동물이 반복적으로 등장해

서 한마디씩 하고 간다는 내용이 많습니다. 다양한 동물의 등장으로 아이는 각종 색깔과 모양, 의성어 및 의태어가 주는 재미를 시각적·청각적으로 즐길 수 있고 반복되는 서사 구조를 통해 안정감도 느낄 수 있습니다. 또, 그림책의 영어 문장은 단어를 라임에 맞추어 반복적으로 배치하여 운율감을 살리는 경우가 많습니다.

- 관련 그림책 : <Dear Zoo>(Rod Campbell), <Llitle Blue Truck>(Alice Schertle), <The Pout-Pout Fish>(Deborah Diesen), <Llama Llama Red Pajama>(Anna Dewdney), <Bear Feels Sick>(Karma Wilson) 등

③ 사람 이름 the 별명

영어에서는 등장인물을 부를 때 '이름 the 별명·특징' 형태로 표현하는 경우가 많습니다. 예를 들면 '고양이 피트'를 'Pete the Cat'으로, '용감한 맥스'를 'Max the Brave'로 부르는 식입니다.

- 관련 그림책 : <Pete the Cat>(James Dean), <Splat the Cat>(Rob Scotton), <Harry the Dirty Dog>(Gene Zion), <Pom Pom the Champion>(Sophy Henn), <Max the Brave>(Ed Vere), <Hiccup!>(Jaclin Azoulay) 등

아이들 놀이와 관련된 그림책

① Hide and Seek

우리나라의 숨바꼭질에 해당하는 놀이입니다. 술래는 'it'이라고 하는데 눈을 감고 숫자를 센 뒤, 이제 찾으러간다는 의미로 "Ready or not, here I come!"을 외치면서 다른 아이들을 찾으러 갑니다. 이때 술래가 숫자를 너무 빨리 세지 않도록 "One Mississippi Two Mississippi Three Mississippi" 하고 숫자 뒤에 미시시피를 붙여서 천천히 세기도 합니다.

- **관련 그림책** : <Hide and Seek>(Anthony Browne), <Mommy> (Leslie Patricelli), <Circle>(Mac Barnett) 등

② Play Tag

술래it가 다른 아이를 잡고 "tag!"를 외치면 그 아이가 술래가 되는, 우리나라의 술래잡기에 해당하는 놀이입니다. 영국에서는 'play tag' 대신 'play chase'라고 하고 술래도 'chaser'라고 부릅니다.

- **관련 그림책** : <Lion & Tiger & Bear: Tag! You're It!>(Ethan Long), <Pom Pom Panda Gets the Grumps>(Sophy Henn) 등

③ Eeny, meeny, miny, moe

우리나라의 〈무엇을 고를까요 딩동댕동!〉처럼 영미권 아이들이 술래를 정하거나 여러 선택지 중에 무엇을 고를지 고민할 때 부르는 노래 choosing rhyme입니다.

"Eeny, meeny, miny, moe(이니 미니 마이니 모) / Catch a tiger by the toe(호랑이 발가락을 잡아 보자) / If he hollers let him go(호랑이가 소리를 지르면 놓아주자) / Eeny, meeny, miny, moe!(이미 미니 마이니 모!)"의 가사에 맞춰 노래를 부르며 한 사람씩 손가락으로 가리키다가 마지막의 'moe!'에 지적되는 사람이 술래가 됩니다.

④ Rock Paper Scissors

숨바꼭질, 술래잡기 등에서 술래를 정할 때 하는 가위바위보는 '바위 보 가위 rock paper scissors'로 순서만 달리하여 부른다는 점만 빼고는 우리나라의 가위바위보와 똑같습니다.

⑤ Play Jacks

우리나라의 공기놀이와 비슷한 놀이입니다. 탱탱볼 같은 작은 공을 바닥에 튕긴 다음 다시 떨어지기 전에 공깃돌 하나를 집어 공과 함께 잡고, 다음 단계에서는 공깃돌 두 개를 집습니다. 이런 식으로 마지막 단계까지 먼저 도달하는 사람이 이깁니다.

⑥ Hopscotch

그림책 속 아이들의 놀이 장면에 자주 등장하는 것으로 '합스카치'라는 것이 있습니다. 땅따먹기와 비슷한 놀이인데 상대방의 땅을 빼앗는 것은 아니고 바닥에 1부터 10까지 숫자가 적힌 칸을 그린 뒤 한 발로 폴짝폴짝 hop 뛰면서 도는 게임입니다. 먼저 1번 칸 안에 돌 marker을 던져 넣은 뒤 한 칸당 한 발만 딛고 폴짝폴짝 뛰어서 10번까지 찍고 돌아오면 2번 칸에서 다시 시작하고, 이렇게 먼저 모든 칸을 클리어하는 사람이 이기게 됩니다.

· **관련 그림책** : <Corduroy's Friends>(Corduroy's Tiny Treasury) 등

⑦ scavenger hunt

리스트에 여러 사물을 적어 놓고, 실내나 야외에서 그것들을 빨리 발견해서 더 많이 가져오는 사람이 이기는 게임입니다. '트레저 헌트 treasure hunt(보물찾기)'와 약간 비슷하지만 트레저 헌트는 미리 숨겨진 물건을 힌트에 따라 찾는 것인 반면 '스캐빈저 헌트 Scavenger Hunt'는 "해변에서 조개 껍데기 더 많이 찾아오기!"처럼 눈에 보이는 대로 빨리 찾아오는 놀이라는 점에서 차이가 있습니다.

· **관련 그림책** : <Honey Bear's Blue Bathing Suit>(Todd H. Doodler) 등

⑧ Pin the Tail on the Donkey

꼬리가 없는 커다란 당나귀 그림을 벽에 붙여 놓고, 한 명씩 돌아가며 안대로 눈을 가린 뒤 가장 정확한 위치에 꼬리를 붙이는 아이가 이기는 놀이입니다. 미국 아이들의 생일 파티에 가면 거의 항상 이 놀이를 합니다. 당나귀 말고도 유니콘에 뿔을 달아 주는 'Pin the Horn on the Unicorn' 등 여러 버전이 있습니다.

- **관련 그림책** : <Curious George and the Birthday Surprise>(H. A. Rey), <Pete the Cat and the Perfect Pizza Party>(James Dean) 등

⑨ Bobbing for Apples

북미에서는 가을을 대표하는 수확물로 호박과 함께 사과가 꼽힙니다. 그래서 이 사과를 이용한 'Bobbing for apples'라는 놀이가 핼러윈 게임 중 하나로 등장하는 경우가 많습니다. 물이 든 대야에 사과를 띄워 놓고 손 대신 이로 사과를 깨물어 가장 먼저 집어 올리는 사람이 이기는 게임입니다.

- **관련 그림책** : <Corduroy's Best Halloween Ever!>(Don Freeman), <The Halloween Queen>(Joan Holub) 등

⑩ I Spy

여기서 spy는 '발견하다, 눈에 보인다'는 의미로, 문제를 내는 사람 ^{The Spy}이 자기 눈에 보이는 물체의 힌트를 알려 주면 다른 사람들이 알아맞히는 놀이 ^{guessing game}입니다. 차 안이나 식당에서 음식을 기다릴 때 아이와 즐기기 좋은 대표적인 놀이입니다.

예를 들어 나들이를 가는 차 안에서 엄마가 구름 ^{cloud}을 보고 "I spy with my little eye, something beginning with…C!" 라고 문제를 내면 다른 가족들이 정답을 맞히는 것입니다. 물건 이름의 스펠링 외에도 색깔, 용도 등 다양한 방식으로 힌트를 줄 수 있습니다. 이 게임을 숨은그림찾기 형식의 그림책으로 만든 〈I Spy〉(Jean Marzollo) 시리즈가 유명합니다.

⑪ play date

아이들끼리 만나서 노는 일종의 공동육아입니다. 아이가 어릴 경우 'play date'를 제안하는 부모가 날짜와 장소, 연락처 등이 적힌 초대장을 보내면 이에 응하는 부모가 해당 시간에 약간의 간식과 함께 아이를 그 장소로 데려다줍니다.

• **관련 그림책** : <Pete the Kitty and the Groovy Playdate>(James Dean), <Peppa's Play Date>(Peppa Pig) 등

⑫ sleepover

말 그대로 아이들이 엄마 아빠 없이 친구네 집에서 자고 오는 경험으로, 아이들에게 꽤 흥미진진한 일이어서인지 그림책에도 종종 등장합니다. 아이들이 여러 명 모이는 경우에는 'slumber party'나 'pajama party'로 부르기도 합니다. 또 'blanket fort(이불 요새)'를 만들어 그 안에서 노는 것도 단골 레퍼토리입니다.

- **관련 그림책** : <Maisy Goes on a Sleepover>(Lucy Cousins), <Froggy's Sleepover>(Jonathan London), <Berenstain Bears and the Slumber Party>(Stan Berenstain) 등

⑬ tree house

미국 아이들은 자연에서 노는 경우가 우리보다 훨씬 많은 것 같습니다. 가정에서도 아이들을 위해 뒷마당 나무에 작은 놀이 공간을 집처럼 만들어 주는 경우가 있는데 이런 트리 하우스에서 아이들이 노는 장면을 그림책에서도 종종 볼 수 있습니다.

- **관련 그림책** : <Froggy Builds a Tree House>(Jonathan London), <Peppa's Play Date>(Peppa Pig), <The Daddy Book>(Todd Parr), <Love the World>(Todd Parr) 등

⑭ juggling

미국은 저글링이 대중화되어 있는 편입니다. 그래서 그림책에도 저글링을 하는 장면이 종종 등장합니다.

- **관련 그림책** : <Steam Train Dream Train>(Sherri Duskey Rinker), <Pete the Cat and the New Guy>(James Dean), <Hiccup!>(Jaclin Azoulay) 등

일상생활을 소재로 한 그림책

① Pee, Poop, Potty Training, P.U.

두 돌 전후의 아이들에게 가장 큰 발달 과업 중 하나는 배변 훈련 potty training일 것입니다. 배변 훈련과 관련된 영어 그림책의 종류도 아주 다양합니다. 우선 아기 변기는 'potty'라고 하고, 쉬는 'pee', 응가는 'poop(영국식은 poo)'입니다. "쉬(응가) 하러 가고 싶어요."라는 표현은 "I need to go pee(poop)."이라고 합니다.

한편, 그림책 속 응가 장면에서 'P.U.' 혹은 'pee-ew'라는 말을 종종 볼 수 있는데, "아유, 냄새~!"라는 의미의 단어입니다(읽을 때는 '피~유~!'라고 읽습니다).

- **관련 그림책** : <Potty>(Leslie Patricelli), <Let's Go to the

Potty!>(Allison Jandu), <Everyone Poops>(Taro Gomi), <Pee-Ew! Is That You, Bertie?>(David Roberts), <Oh, David!>(David Shannon)

② Magic words

영미권에서 'please', 'thank you', 'excuse me', 'I'm sorry' 등 아이들이 배워야 할 예의 바른 표현을 가리켜 'magic words'라고 합니다. 보통 아이가 뭔가를 요청하는 상황에서 엄마가 "What's the magic word?"라고 물으면서 'please'라는 말을 유도하곤 합니다.

③ Kiss it better

우리나라에서 아이가 살짝 다쳤을 때 엄마가 "호~ 해 줄게."라고 달래는 것처럼 영미권에 엄마들도 아이에게 "I'll kiss it better."라는 표현을 사용합니다. 엄마가 뽀뽀해 주면 아픈 상처가 괜찮아질 거라는 의미인데 동서양의 표현이 비슷한 점이 재미있습니다. 한편, 우리말로 아이들의 상처를 귀엽게 '아야했다'라고 표현하는 것처럼 영어에서도 어린아이들의 상처를 가리켜 'boo boo'라고 합니다.

> **관련 그림책** : <Centipede's One Hundred Shoes>(Tony Ross), <Froggy Builds a Tree House>(Jonathan London)

④ XOXO

미국 드라마 〈가십 걸〉의 트레이드 마크 인사 "XOXO, Gossip Girl."을 기억하는 분이라면 익숙하실 텐데, X는 입술이 닿는 모습과 닮았다고 해서 kiss를, O는 서로 안고 있는 모습과 닮았다고 해서 hug를 의미합니다.

- **관련 그림책** : <The Mommy Book>(Todd Parr), <The Daddy Book>(Todd Parr) 등

⑤ circle time

유치원이나 초등학교 등에서 아이들이 동그랗게 모여 앉아 선생님과 함께 하는 그룹 활동입니다. 선생님의 주도로 노래나 게임을 하기도 하고 그날의 주제에 대해서 학습하기도 합니다.

- **관련 그림책** : <Froggy Goes to School>(Jonathan London), <Goat Goes to Playgroup>(Julia Donaldson) 등

⑥ show and tell (show and share)

아이들이 각자 자기가 좋아하는 물건을 유치원이나 학교에 가져가서 다른 사람들에게 보여 주고 왜 좋아하는지 이야기하는 활동입니다. 유치원이나 학교를 배경으로 하는 그림책에서 종종 접할 수 있습니다.

- **관련 그림책** : \<Biscuit's Show and Share Day\>(Alyssa Satin Capucilli), \<Little Critter: The Best Show & Share\>(Mercer Mayer), \<The Berenstain Bears' Show-and-Tell\>(Mike Berenstain), \<Show and Tell\>(Robert Munsch) 등

⑦ spelling bee

여기서 'bee'는 모임이라는 의미로, 스펠링 비는 말 그대로 어려운 단어의 스펠링을 맞히는 대회입니다. 학교 단위로 열리기도 하고 전국 규모로 열리기도 합니다. 미국에서는 매년 5월 'Sripps National Spelling Bee'라는 세계 대회가 열리는데 100년의 역사를 자랑하는 스펠링 비입니다. 대중적인 관심이 높아서 결승전은 TV로 생중계되고 우승자에게는 5만 달러의 상금과 지미 키멀 라이브 등 굵직한 TV 프로그램에 출연할 수 있는 기회가 주어집니다. 유튜브에서 'Sripps National Spelling Bee'로 검색하면 폭발적인 조회수의 영상들을 볼 수 있습니다.

- **관련 그림책** : \<The I'm Not Scared Book\>(Todd Parr), \<The Berenstain Bears and the Big Spelling Bee\>(Mike Berenstain) 등

⑧ tooth fairy

영미권에서는 아이들이 젖니가 빠졌을 때 머리맡에 빠진 이

를 두고 자면 'tooth fairy'가 찾아와서 이를 가져가는 대신 돈이나 선물, 편지를 두고 간다는 믿음이 있습니다. 구글에서 'tooth fairy letters'로 검색하면 엄마 아빠가 참고할 수 있는 다양한 모범 답안(?)이 있는데 주로 이를 빼는 동안 씩씩하게 참아서 대견하다는 칭찬과 함께 새 이를 줄 테니 걱정하지 말라는 위로가 담겨 있습니다.

- **관련 그림책** : \<The Feel Good Book>(Todd Parr), \<Llama Llama Loose Tooth Drama>(Anna Dewdney), \<Bear's Loose Tooth>(Karma Wilson), \<Here Comes the Tooth Fairy Cat>(Deborah Underwood), \<The Crocodile Who Didn't Like Water>(Gemma Merino) 등

우리나라에서는 하루 세 번 양치하는 습관이 너무 당연하지만 미국은 아침과 저녁에만 양치하는 사람이 대부분입니다. 학교나 회사의 공공 화장실에서 침 뱉는 행위를 아주 꺼리기 때문에 점심에는 양치하는 경우가 거의 없고 일부 사람들이 조심스럽게 구강 청결제mouthwash로 헹궈 내는 정도입니다. 그래서 영어 그림책이나 어린이 유튜브 채널에서도 양치질을 (하루 세 번이 아닌) 두 번twice a day 하라고 합니다.

- **관련 그림책** : \<Tooth(Leslie Patricelli)> 등

⑨ gardening

그림책에 자주 등장하는 주제 중 하나로 씨를 뿌리고 식물을 기르는 텃밭 가꾸기 활동이 있습니다. 이때 등장하는 'compost bin'은 말 그대로 퇴비^{compost}를 만드는 통^{bin}입니다. 보통 채소·과일 조각, 계란 껍질 같은 음식 쓰레기와 나뭇잎·나뭇가지·흙 같은 것을 넣어 두고 발효되면 퇴비로 사용합니다.

- **관련 그림책** : <10 Things I Can Do to Help My World>(Melanie Walsh), <My Green Day>(Melanie Walsh), <Let's Grow Vegetables!>(Anne-Sophie Baumann) 등

한편, 꽃의 꿀을 'nectar'라고 하고, 꽃가루는 'pollen'이라고 합니다. 그리고 벌이나 나비처럼 꿀을 마시면서 꽃가루를 옮기는 곤충을 'pollinator'라고 하는데 우리에게는 조금 낯선 단어지만 미국 아이들은 어릴 때부터 듣고 자라는 말입니다.

- **관련 그림책** : <The Very Greedy Bee>(Steve Smallman), <Backyard Bugs>(Jill McDonald), <How Do Apples Grow?>(Jill McDonald) 등

⑩ lemonade stand

미국에서는 여름이 되면 아이들이 직접 레모네이드

가판대를 만들어 25센트~1달러 등에 판매하곤 합니다. 이렇게 용돈을 벌어 사고 싶었던 물건을 사기도 하고 기부도 하면서 자립심과 경제 개념을 기르는 것인데, 그림책에도 종종 등장합니다.

- **관련 그림책** : <Froggy's Lemonade Stand>(Jonathan London), <OLIVIA Opens a Lemonade Stand>(Kama Einhorn) 등

⑪ Ice Cream Truck

미국과 유럽에는 각종 푸드 트럭이 활성화되어 있습니다. 그중 아이들이 가장 기다리는 것은 바로 아이스크림 트럭입니다. 알록달록 예쁘게 꾸민 트럭이 친숙한 동요 멜로디를 울리며 동네 곳곳을 돌아다니는 모습을 그림책에서도 자주 볼 수 있습니다.

- **관련 그림책** : <Curious George and the Ice Cream Surprise(H. A. Rey)>, <Curious George and the Birthday Surprise(H. A. Rey)> 등

⑫ space camp

토이스토리의 버즈 캐릭터를 향한 애정이나 핼러윈 우주비행사 코스튬의 인기에서 느낄 수 있듯 우주에 대한 아이들의 관심은 언제나 뜨겁습니다. 이러한 관심에 부응하고자, 나사NASA의 우주 비행 센터 중 한 곳이 위치한 앨라배마에서는 주 정부 주관으로 우주 캠프가 운영되고 있습니다. 아이들은 약 일주일 간 1/6 중력 상

태에서 우주인 훈련을 받거나 국제 우주 정거장 생활을 배워 볼 수 있고 모형 로켓이나 미래의 화성 정착지를 설계해 볼 수 있습니다.*

　　　· **관련 그림책 :** <Pete the Cat: Out of This World>(James Dean) 등

⑬ 동물

영어 그림책에는 고슴도치 ^{hedgehog}와 약간 비슷하지만 훨씬 더 크고 바늘이 긴 호저 ^{porcupine}라는 동물이 종종 등장합니다. 호저가 우리에게는 다소 생소하다 보니 번역본에서는 고슴도치로 번역할 때가 많은데 고슴도치와 호저는 엄연히 다른 동물입니다.

또, 영어에서 꼬리에 줄무늬가 없는 회색 동물을 부르는 'squirrel'은 엄밀하게는 다람쥐가 아니라 청설모입니다. 우리가 다람쥐로 알고 있는, 꼬리에 줄무늬가 있는 작고 귀여운 동물은 'chipmunk'입니다. 북미에서는 chipmunk보다 squirrel이 훨씬 흔하다 보니 후자가 주로 등장합니다.

　　　· **관련 그림책 :** <If you see a kitten>(John Butler), <How Do You Hug a Porcupine?>(Laurie Isop), <No Hugs for Porcupine>(Zoe Waring), <Mine Mine Mine! Said the Porcupine>(Alex English), <Santa and the Goodnight Train>(June Sobel) 등

---

* 　　https://www.spacecamp.com

스모키 베어

미국인들에게 친숙한 곰 캐릭터 중에는 'Smokey'라고 적힌 모자를 쓰고 청바지를 입은 스모키 베어(Smokey Bear)가 있습니다.

미국을 상징하는 마스코트인 엉클 샘(Uncle Sam)과 같은 포즈로 "Only You Can Prevent Wildfires(당신만이 산불을 예방할 수 있습니다)."라는 슬로건을 외치는 이 곰은 1940년대부터 현재까지 미국 산불 예방 캠페인의 마스코트로 활약하고 있습니다.

미국은 2차 대전 참전으로 현역 소방관의 수가 부족해지자 지역 사회에 산불 예방을 장려할 목적으로 1944년 스모키라는 곰을 주인공으로 한 캠페인을 시작했습니다. 그리고 마침 얼마 뒤 뉴멕시코주 산불에서 소방관들이 구해 낸 아기 곰이 전국적으로 유명세를 탔는데 이 곰이 곧 스모키 베어의 심벌이 되었습니다. 미국 전역에서 스모키 베어의 표지판을 볼 수 있고 TV 캠페인, 굿즈도 다양해서 아이들의 사랑을 받고 있습니다.

공식 사이트 : https://smokeybear.com/
관련 그림책 : <Smokey The Bear>(Jane Werner)
사진 출처 : https://smokeybear.com/en/smokeys-history?decade=2010

날씨에 관한 그림책

① cannonball

여름철 수영장에서 대포알처럼 몸을 동그랗게 말아 다이빙하는 것을 캐논볼 cannonball이라고 합니다. 유튜브에서 'how to do the perfect cannonball' 등으로 검색하면 아이 어른 할 것 없이 멋진 다이빙 영상을 볼 수 있습니다.

  • **관련 그림책** : <Cannonball>(Sacha Cotter), <Froggy Goes to Camp>(Jonathan London), <Fruits in Suits>(Jared Chapman) 등

② mud puddle, mud pie

더운 날 수영장에서의 캐논볼이 필수라면 비 오는 날은 물웅덩이 puddle, 진흙 웅덩이 mud puddle에서 첨벙첨벙하는 놀이가 필수입니다. 그리고 진흙을 주물러서 파이 mud pie처럼 만드는 놀이도 어린 아이들에게 인기 만점입니다.

  • **관련 그림책** : <What can you do in the rain?>(Anna Grossnickle Hine), <Yummy Yucky>(Lestlie Patricelli), <Rain!>(Linda Ashman) 등

③ snow angel

눈이 많이 오는 지역에서는 아이들이 스노우 수트를 입고 눈 밭

에서 놀곤 합니다. 이때 눈밭에 누워 팔다리를 휘저으면 천사 날개 같은 모양이 생기는데 이 자국을 'snow angel'이라고 부릅니다.

- **관련 그림책** : <The Mommy Book>(Todd Parr), <The Snowy Day>(Ezra Jack Keats), <Thomas' Snowsuit>(Robert Munsch) 등

④ snow day

미국이나 캐나다는 우리나라만큼 대중교통이 편리한 곳이 많지 않습니다. 그래서 눈이 많이 오는 지역에서는 폭설이 내리는 날에 어린이집이나 학교가 휴교를 하는데 그런 날을 스노 데이라고 합니다. 수업에 안 가는 것만 해도 신나는데 눈 속에서 실컷 놀 수 있으니 아이들에게는 이만큼 좋은 날이 없습니다. 그래서 겨울을 배경으로 하는 그림책에 종종 등장합니다.

한편, 북미의 눈사람은 우리나라와 약간 모습이 달라서, 눈덩이를 3단으로 만들고 코는 길쭉한 당근으로 만듭니다. 〈겨울왕국〉의 올라프가 전형적인 미국 눈사람의 모습입니다.

- **관련 그림책** : <Just a Snowman>(Mercer Mayer), <Snow Day!>(Lester L. Laminack) 등

⑤ ROYGBIV (ROY G. BIV)

일상 생활에서 색깔을 말할 때는 'navy'나 'purple'

도 많이 쓰지만 무지개의 일곱 가지 색깔을 말할 때는 'indigo', 'violet'을 사용합니다. 일곱 색깔의 앞글자를 딴 'ROYGBIV'나 'ROY G. BIV'도 자주 쓰이는 아이들 용어입니다.

먹거리

① Peanut Butter and Jelly Sandwich(PB&J)

미국 아이들의 먹거리 중에서 빠질 수 없는 것으로 '피넛 버터 젤리 샌드위치'가 있습니다. 줄여서 PB&J라고도 하는데, 말 그대로 빵에 땅콩버터와 잼을 바른 샌드위치입니다. 시리얼과 함께 대표적인 아침 메뉴 혹은 점심 메뉴이기도 하고, 아이들이 간식으로도 많이 먹다 보니 그림책과 영상 등에서 자주 접할 수 있습니다.

· **관련 그림책** : <Peanut Butter and Jelly>(Nadine Bernard Westcott) 등

② S'more

캠핑 간식으로 마시멜로를 구워 먹는 것은 우리나라에서도 흔한 일이 된 것 같습니다. 미국에서는 한 단계 더 나아가서 마시멜로와 크래커, 초콜릿으로 스모어라는 것을 만들어

먹습니다. 크래커 graham cracker에 초콜릿을 얹고, 그 위에 구운 마시멜로를 올린 뒤 다시 크래커를 덮어 샌드위치처럼 만드는 것입니다. 스모어 S'more의 유래가 조금 더 달라는 'some more'에서 왔다는 말이 이해가 될 정도로 달콤한 맛입니다.

- 관련 그림책 : <1 2 3 Make a S'more with Me>(Elizabeth Gauthier), <A Changing Picture Book: Christmas Surprise>(Roger Priddy) 등

③ popcorn

우리나라에서 팝콘은 극장에서 먹는 간식이라는 인식이 강한데 미국은 팝콘이 처음 만들어진 나라답게 추수감사절, 핼러윈, 크리스마스 등 1년 내내 장소를 가리지 않고 팝콘을 먹습니다. 특히 과거에는 팝콘과 크랜베리를 실에 꿰어 크리스마스트리에 장식하는 풍습이 있었다고 하는데 요즘도 간혹 실물 혹은 모형 팝콘으로 가랜드나 리스를 만들어 크리스마스 장식을 하기도 합니다.

- 관련 그림책 : <Popcorn>(Frank Asch), <Bear Stays Up for Christmas>(Karma Wilson) 등

다양성의 존중

① 다양한 피부색의 사람들

미국은 인종적으로나 민족적으로나 다양한 배경을 가진 사람들이 모여 사는 나라입니다. 그러다 보니 '다양성'이라는 것이 사회적으로 매우 중요한 가치로 여겨지고 아이들의 그림책 중에도 다양한 사람들이 어울려 살아가는 모습을 그린 것이 많습니다.

- 관련 그림책 : <Shade of people>(Shelley Rotner), <All Kinds of Friends>(Shelley Rotner), <Mixed: A Colorful Story>(Arree Chung) 등

② 다양한 가족 구성 형태

영미권에서는 사실혼 가정, 재혼 가정, 입양 가정, 한부모 가정, 동성 커플 가정, 다문화 가정 등 다양한 가족 형태를 흔히 볼 수 있습니다. 그래서 영어 그림책을 읽다 보면 종종 이러한 사회상이 반영된 작품을 만나기도 합니다. 예를 들어 〈Family Book〉(Todd Parr)은 생김새나 생활 방식이 다른 여러 가족들을 소개한 뒤, '어떤 형태이든지 너의 가족은 특별하다'라는 메시지를 전하고 있습니다.

- 관련 그림책 : <Mommy>(Leslie Patricelli), <Family Book>(Todd Parr), <Remixed: A Blended Family>(Arree Chung) 등

영미권의 기념일

① 밸런타인데이(2월 14일)

우리나라에서 밸런타인데이 Valentine's Day 는 연인 간의 기념일로만 인식되지만 미국에서는 아이들이 성별과 나이를 불문하고 주위 사람들에게 애정과 감사를 표시하는 날이기도 합니다. 이때 하트가 그려진 카드를 직접 만들어서 선물하기도 하는데 'make a valentine'이라는 표현처럼 밸런타인 카드를 그냥 밸런타인이라고만 부르기도 합니다.

- **관련 그림책 :** <Pete the Cat: Valentine's Day Is Cool>(James Dean), <Here Comes Valentine Cat>(Deborah Underwood) 등

② 세인트 패트릭스 데이(3월 17일)

원래 세인트 패트릭스 데이 St. Patrick's Day 는 아일랜드의 수호성인인 세인트 패트릭을 기리는 아일랜드의 기념일입니다.

이 날이 대서양 건너 미국에서도 대중적 문화로 자리 잡은 배경을 이해하려면 미국의 이민 역사를 잠깐 살펴볼 필요가 있습니다. 우리가 '백인'으로 인식하는 사람들 중에는 독일계 미국인, 이탈리아계 미국인, 아일랜드계 미국인처럼 유럽 이민자들의 후손이 많습니다. 마틴 스콜세지 감독의 〈갱스 오브 뉴욕〉도 이 아일랜드 이

민자들과 맨해튼 토착 세력 간의 다툼을 다룬 것입니다.

　뉴욕이나 시카고처럼 전통적으로 아일랜드 이민자가 많은 도시에서는 'Saint Patrick's Day Parade'를 하기도 하는 등 오늘날 미국의 세인트 패트릭스 데이는 종교 행사라기보다 누구나 즐기는 대중적인 축제의 성격을 갖습니다. 이 날의 상징이 초록색과 세잎 클로버 shamrock이다 보니 아이들도 초록색 옷을 입고 클로버 모양 장식이나 아일랜드 전설 속 요정인 레프러콘을 잡는 덫 Leprechaun trap을 만들기도 합니다. 레프러콘은 행운을 가져온다고 알려져 있는데 특히 무지개 끝에 황금 항아리 pot of gold를 묻어 두었다고 해서 레프러콘이 등장하는 그림책에는 거의 항상 무지개와 황금 항아리도 같이 나옵니다.

· **관련 그림책** : <Happy St. Patrick's Day, Curious George>(H. A. Rey), <Pete the Cat: The Great Leprechaun Chase>(James Dean), <The Night Before St. Patrick's Day>(Natasha Wing), <Three Ways to Trap a Leprechaun>(Tara Lazar) 등

Lucky Charms 시리얼

미국 아이들에게 인기 있는 시리얼 중에 초록옷의 행운의 요정 레프러콘을 마스코트로 내세운 럭키 참스가 있습니다. 행운의 부적(Lucky

Charms)이라는 이름답게 이 시리얼에는 클로버, 무지개, 말 편자, 별 똥별, 유니콘 등 행운과 관련된 알록달록한 마시멜로가 들어있습니다. 우리나라 코스트코에서도 판매하고 있으니 아이와 함께 럭키 참스 시리얼을 먹어 보는 것도 재미있는 경험이 될 것입니다.

Top of the morning

<Happy St. Patrick's Day, Curious George>의 첫 장면에서 원숭이 죠지는 초록 옷을 입고 'Top of the morning'이라는 아침 인사를 합니다. of를 o'로, ing를 in'로 표기하기도 해서 Top o' the mornin'이라고도 하는 이 인사는 아일랜드의 전통 아침 인사에서 유래한 것으로 알려져 있습니다.

참고로 미국의 성씨 중 Mc-, Mac-, O'-, Fitz-로 시작하는 성은 아일랜드에서 온 경우가 많습니다. 대표적으로 <위대한 개츠비>의 작가인 스캇 피츠제럴드(F. Scott Fitzgerald), 맥도날드 햄버거의 창립자 맥도날드 형제들(McDonald)이 그렇고, <바람과 함께 사라지다>의 여자주인공 스칼렛 오하라(Scarlett O'Hara)도 아일랜드계 미국인이라는 설정입니다.

퍼레이드 문화

미국 문화에 관심이 있는 분이라면 한 번쯤 메이시스 백화점의 추수감사절 퍼레이드(Macy's Thanksgiving Day Parade) 사진을 보셨을 것입니다. 미국은 독립기념일, 핼러윈, 추수감사절, 크리스마스 등 큰 행사 때마다 퍼레이드를 합니다. 곰 가족이 파자마를 입고 하루 종일 팬케이크를 먹는다는 내용의 <Pancakes in Pajamas>(Frank Asch)에서 주인공들이 '오늘은 팬케이크의 날'이라며 자전거 퍼레이드를 하는 것도 이러한 맥락에서입니다.

③ 부활절(3월 말~4월 말)

부활절 Easter은 크리스마스나 핼러윈 다음으로 그림책에 자주 등장할 정도로 아이들에게 신나는 활동이 많은 기념일입니다. 대표적으로 토끼 머리띠나 토끼 가면을 만들고 삶은 계란을 염색하거나 스티커로 꾸미는 활동이 있습니다. 하이라이트는 단연 'Easter Egg Hunt'라는 일종의 보물찾기 비슷한 놀이인데, 초콜릿과 사탕 등이 들어 있는 계란을 아이들이 하나씩 찾는 것입니다. 가정에서 부모가 미리 마당에 숨겨 놓기도 하고 학교나 교회, 지자체 단위로 크게 주최하기도 합니다.

크리스마스에 산타클로스가 있다면 부활절에는 'Easter Bunny'라는 토끼가 있습니다. Easter Bunny는 아이들이 잠든 사이에 이스터 바구니 Easter basket에 초콜릿이나 책 등 소소한 선물들을 두고 갑니다.

- 관련 그림책 : \<Hop! Hop!\>(Leslie Patricelli), \<Happy Easter, Pout-Pout Fish\>(Deborah Diesen), \<Pete the Cat: Big Easter Adventure\>(James Dean), \<The Story of the Easter Bunny\>(Katherine Tegen) 등

④ 지구의 날(4월 22일)

영미권 아이들은 평소에도 분리수거나 에너지 절약 등 환경 보호에 관한 교육을 많이 받는 편입니다. 특히 지구의 날 Earth day이 되면 학교에서 환경과 지구에 관한 다양한 프로젝트를 하곤 합니다. 그림책 중에도 환경 보호와 관련된 것이 많습니다.

- 관련 그림책 : \<The Earth Book\>(Todd Parr), \<10 Things I Can Do to Help My World\>(Melanie Walsh), \<My Green Day\>(Melanie Walsh), \<Biscuit's Earth Day Celebration\>(Alyssa Satin Capucilli) 등

⑤ 어머니의 날(5월 둘째 주 일요일), 아버지의 날(6월 셋째 주 일요일)

우리나라의 어버이날과 달리 미국은 어머니의 날 Mother's Day과 아버지의 날 Father's Day이 따로 있습니다. 아이들은 엄마 아빠를 위해 아침을 직접 준비하거나 엄마 아빠가 좋아하는 꽃과 사랑을 담은 카드를 선물하곤 합니다.

- 관련 그림책 : 〈Biscuit Loves Mother's Day〉(Alyssa Satin Capucilli),

    〈Biscuit Loves Father's Day〉(Alyssa Satin Capucilli) 등

⑥ 핼러윈(10월 31일)

미국은 9월부터 슬슬 핼러윈 Halloween 준비에 들어갑니다. 아이들에게 핼러윈 준비의 시작은 펌킨 패치 pumpkin patch에 가는 것부터라고 할 수 있습니다. 펌킨 패치는 말 그대로 호박밭(농장)으로, 핼러윈 시즌에는 농장 체험과 겸한 일종의 테마파크 역할을 합니다. 입장료를 내고 들어가면 트랙터 라이드(헤이 라이드), 동물 먹이 주기, 각종 게임 등을 할 수 있습니다. 물론 하이라이트는 잭오랜턴을 만들 호박을 고르는 것인데 이때 호박에서 파낸 속살로 핼러윈 대표 디저트 중 하나인 펌킨 파이를 만들기도 합니다.

- 관련 그림책 : <Biscuit Visits the Pumpkin Patch>(Alyssa Satin Capucilli), <Pick a Pumpkin>(Patricia Toht) 등

⑦ 추수감사절(11월 넷째 주 목요일)

미국 최대 기념일 중 하나인 추수감사절 Thanksgiving Day 은 온 가족이 모여 칠면조 고기와 스터핑 stuffing, 캐서롤 casserole, 매시트 포테이토, 펌킨 파이 등을 먹는 날입니다. 아이들은 감사한 일들을 적어 넣는 'thankful jar'나 가랜드, 리스 등을 만듭니다.

이날을 우리의 추석과 비슷하다고만은 볼 수 없는 이유는 추수감사절의 바로 다음 날이 블랙 프라이데이이기 때문입니다. 미국은 추수감사절을 시작으로 크리스마스까지 본격적인 연말 쇼핑 분위기가 이어지는데, 그래서 미국의 대표 백화점 메이시스 Macy's 는 1924년부터 매년 뉴욕에서 성대한 추수감사절 퍼레이드를 개최하고 있습니다. TV로도 생중계되는 이 퍼레이드에는 아이들이 좋아하는 캐릭터의 대형 풍선이 등장해서 보는 재미가 있습니다.

- **관련 그림책** : <I Am Thankful>(Sheri Wall), <Thanksgiving Is for Giving Thanks!>(Margaret Sutherland), <The Thankful Book>(Todd Parr), <The Berenstain Bears: Thanksgiving All Around>(Mike Berenstain) 등

⑧ 크리스마스(12월 25일)

크리스마스 Christmas 는 동서양을 막론하고 아이들이 가장 좋아하는 기념일 중 하나입니다. 미국의 크리스마스는 우리와 몇 가지 재미있는 문화 차이가 있습니다.

우선 아이들은 크리스마스이브에 산타와 루돌프를 위해 쿠키나 우유, 당근 같은 간식을 준비해 둡니다. 그리고 다음 날 아침, 산타가 간식을 먹은 흔적을 보고는(사실은 부모가 먹습니다) 산타가 정말 다녀갔다며 기뻐하곤 합니다.

- **관련 그림책** : <Olivia Helps with Christmas>(Ian Falconer), <5 More Sleeps 'til Christmas>(Jimmy Fallon), <Biscuit's Christmas Eve>(Alyssa Satin Capucilli), <Santa and the Goodnight Train>(June Sobel)

산타의 작업실 Santa's workshop에서 장난감을 만들며 산타를 도와준다는 엘프 elf도 있습니다. 이와 관련하여 〈The Elf on the Shelf〉라는 책과 엘프 인형이 큰 인기입니다. 책에 따르면 엘프는 매년 추수감사절에 집으로 찾아와서 아이들의 행동을 관찰하고 매일 밤 북극으로 날아가 산타에게 보고합니다. 이때 아이들이 갖고 싶어 하는 물건을 산타에게 귀띔해 주기도 합니다. 아이들은 엘프가 떠나는 크리스마스이브까지 착한 아이 명단 Nice List에 들기 위해 열심히 착한 일을 합니다.

- **관련 그림책** : <There's an Elf in Your Book>(Tom Fletcher), <The Elf on the Shelf>(Carol Aebersold) 등

클로스 부인 Mrs. Claus이라는 산타의 아내 캐릭터가 종종 등장하는 것도 재미있는 문화입니다. 주로 산타와 엘프들에게 요리를 해주고 순록을 돌보는 역할을 한다고 알려져 있습니다.

- **관련 그림책** : <A Christmas Wish for Corduroy>(B.G. Hennessy)

우리나라에서 루돌프 외의 순록들이 별로 주목받지 못하는 것과 달리 미국에서는 나머지 순록들도 구체적으로 알려져 있습니다.

기원을 거슬러 올라가면 다음과 같습니다. 우선 1823년 발표된 〈A Visit from St. Nicholas〉(Clement Clarke Moore)라는 시에서 산타의 썰매를 끄는 여섯 마리의 순록이 각각 'Dasher', 'Dancer', 'Prancer', 'Vixen', 'Comet', 'Cupid'라는 이름으로 등장했습니다. 그러다 1939년, 한 백화점이 홍보 모델로 루돌프라는 이름의 순록을 사용한 이래 동명의 노래와 영화 등이 유행하면서 루돌프가 가장 유명한 순록이 되었습니다.

- 관련 그림책 : <The Night Before Christmas>(Clement Moore), <Dasher: How a Brave Little Doe Changed Christmas Forever>(Matt Tavares)

또 하나 재미있는 것으로 크리스마스 당일에 온 가족이 커플 파자마를 맞춰 입고 〈그린치〉 같은 크리스마스 영화를 감상하는 유행이 있습니다. 그래서 연말이 되면 아마존이나 타겟 같은 미국 쇼핑몰 홈페이지에서 각양각색의 크리스마스 파자마 세트를 구경할 수 있습니다.

- 관련 그림책 : <The Broken Ornament>(Tony DiTerlizzi)

집에서 즐기는 미국 기념일

우리나라에서 미국 기념일 분위기를 느끼기는 쉽지 않습니다. 하지만 아이들이 좋아하는 몇몇 포인트는 간단히 집에서도 즐겨 볼 수 있습니다. 직접 느껴 보면 그림책이 더 재미있어지고, 그 과정에서 영어가 생활화됩니다.

1) 부활절 : 저희 아이는 부활절을 다룬 <Hop! Hop!>(Leslie Patricelli)을 정말 좋아했습니다. 그래서 책 속에 등장하는 토끼 머리띠를 만들어 보고 식용 색소로 계란을 염색해 보았습니다. 그리고 집 근처 공원에서 이스터 에그 헌트도 했는데, 잔뜩 신이 나서 "Mommy! It's soooo much fun!"이라고 말하던 아이 얼굴이 지금도 생생히 기억납니다. 사실 저희 가정은 종교가 없지만 아이에게 재미있는 놀이가 되었고 이후 아이는 부활절 그림책을 더 다양하게 좋아하기 시작했습니다.

2) 핼러윈 : 아이가 한창 귀신 놀이에 빠져 있던 무렵, 핼러윈 그림책 속의 마녀, 미라, 해골, 유령 흉내를 좋아했습니다. 잭오랜턴 바구니를 들고 "trick or treat!"을 외치는 놀이도 즐기기 시작했습니다.

그래서 안방을 <u>으스스한</u> 'haunted house' 삼아, 문 앞에서 아이가 잭오랜턴 바구니를 들고 "trick or treat~!"을 외치면 저나 아빠가 문을 열고 나와 사탕 모형을 나눠 주는 역할놀이를 많이 했습니다.

3) 크리스마스 : 만 21개월에 맞은 크리스마스에는 아이와 트리를 함께 만들고 <Fa La La>(Leslie Patricelli), <Merry Christmas, Big Hungry Bear!>(Audrey Wood) 같은 그림책을 많이 읽었습니다. 이듬해 크리스마스에는 <The Elf on the Shelf>(Carol Aebersold)를 읽으면서 저희 집에도 진짜 엘프 인형이 찾아온 것처럼 꾸며 주었더니 아이가 엘프를 보고 굉장히 즐거워했습니다. 착한 아이 명단은 구글에서 예시를 보고 간단히 만들어 주었습니다. 그랬더니 장난감 정리도 열심히 했습니다. 크리스마스이브에는 산타와 루돌프를 위해 우유와 쿠키, 당근을 트리 밑에 두고 자러 갔습니다.

PART 6

효과적으로 읽어 주기

스킨십과 오감 활용하기

　　아이에게 영어 그림책을 읽어 주라는 말을 들으면 많은 엄마들이 부담을 느낍니다. 내 영어가 허술한 게 걱정도 되고, 어떻게 읽어야 실감 나게 들릴지 고민도 됩니다. 저 역시 마찬가지였습니다. 우리말 그림책을 읽어 주는 것도 어색할 때가 있는데 영어로 읽어야 한다니 더 부담이 되었습니다. 하지만 쉬운 책부터 하나씩 시도해 보면 생각만큼 어렵지 않습니다.

　　우선 저는 동화 구연 전문가처럼 현란하게 읽어 줄 필요는 없다고 생각합니다. 딱 우리 아이가 좋아할 정도로만 흥미 있게 읽어 주면 됩니다. 아이는 기본적으로 엄마 목소리를 좋아하니 그걸로 충분합니다.

　　오히려 제가 체감하기에 영어 그림책을 읽어 줄 때 가장 중요한 것은 아이와의 스킨십과 오감의 활용이었습니다.

〈0~5세 언어발달〉(정진옥)에도 "경험의 반복과 오감의 활용은 소리에 대한 기억을 높이고 의미를 주게 됩니다."라는 구절이 나오는 것을 보면 저만의 생각은 아닌 것 같습니다.

저는 아이와 책을 읽을 때 항상 포옹이나 뽀뽀, 쓰다듬기 같은 스킨십을 많이 했습니다. 엄마의 따뜻한 감촉을 느끼면서 오감을 통해 그림책을 읽어 주면 아이는 맥락 속에서 영어의 소리와 의미를 더 잘 기억하게 됩니다.

- **뽀뽀, 포옹이 나오는 장면** : 아이에게 충분히 뽀뽀하고 안아 주기
- **바람이 부는 장면** : 입으로 바람을 후~ 불어 주기
- **비 오는 장면** : 손끝으로 책장을 툭툭 치면서 빗소리처럼 들리게 하기
- **쾅 넘어지는 장면** : 아이를 한번 들어 올렸다가 놓아서 실제로 넘어지는 것처럼 느끼게 하기

예시 1

영국의 대표 작가 닉 섀럿 Nick Sharratt의 그림책입니다. 그림도 귀엽고 영어도 단순해서 초기 그림책으로 좋습니다.

그중 저희 아이가 가장 좋아했던 다음 장면을 읽어 줄 때, 저는 책을 반으로 접어서 아이 코 앞까지 얼굴을 들이밀고 "I'm

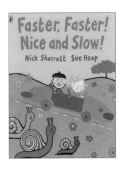

near to you."라고 읽어
주고, 아이를 거실에 앉혀
두고 제가 주방으로 가서
"I'm far far away from
youuuu~."라고 들려주었
습니다.

in-out 개념도 마찬가지입니다. 아이 손을 잡고 방문을 열고
들어가며 "In we come.", 다시 밖으로 나오면서 "Out we go."라
는 소리를 들려주었습니다.

예시 2

그림책 소재로 팬케이크가 자주 등장하
기도 하고 만들기도 쉬워서 저는 아이와 주
말 아침마다 팬케이크를 구워 먹습니다. 그
리고 아이가 팬케이크를 먹는 동안 이 책을
꼭 읽어 줍니다. 잭이라는 아이가 팬케이크
가 먹고 싶어서 밀가루, 우유, 계란 등을 하
나씩 구해 온다는 내용입니다.

다음 그림은 잭이 낫으로 밀을 베어다가 방앗간에 가서 도리깨
로 밀알을 발라낸 뒤 밀가루를 만드는 장면으로, 이 책에서 제일

어려운 부분입니다. 그림에
비해 글이 많고, sickle(낫),
chaff(겉겨), flail(도리깨) 같
은 생소한 단어가 등장합니
다. 이런 장면을 읽을 때는
다음과 같은 읽기 전략을 활
용할 수 있습니다.

　sickle이란 단어가 나올 때는 손가락으로 낫 그림을 가리키면
서 아이 눈을 응시하며 발음을 들려줍니다. 애정을 담아 눈을 맞
추고 sickle을 발음하는 입 모양도 자세히 보여 줍니다. 그리고 "A
sickle is something like a knife."처럼 아이가 알아들을 수 있
는 수준으로 한 번 설명을 해 줍니다. 우리말로 "칼처럼 자를 수 있
는 거야."라고 설명해 주셔도 좋습니다. 마찬가지로 chaff, flail 등
의 단어도 같은 방법으로 알려 줍니다.

　또 beat(손으로 치다)라는 동사가 나오는데, 발음할 때 손끝으로
책을 통통 쳐서 아이가 'beat=치다'라는 의미를 깨달을 수 있도록
합니다. 종이를 통통 치면 아이가 굉장히 좋아하면서 까르르 웃는
데, 그럴 때 엄마도 같이 웃으면서 아이가 충분히 의미를 음미할 시
간을 줍니다. '슥슥 진도를 빼서 얼른 책 한 권을 다 읽어야지'라는
생각은 잠시 내려놓고 이렇게 책을 즐기는 것이 좋습니다.

한 단계 더 나아가서 스킨십도 합니다. 예를 들어 엄마가 가슴 팍을 툭툭 치면서 "I'm beating my chest~."라고 하며 원숭이 흉내를 낸 다음 아이의 가슴팍을 툭툭 치면서 "I'm beating your chest~."라고 말해 줍니다. 마무리는 언제나처럼 뽀뽀입니다. 이렇게 맥락 속에서 오감과 스킨십을 활용하면 아이가 영어의 의미를 훨씬 잘 받아들일 수 있습니다.

같은 그림책을 여러 번 읽는 경우라면 라임이 비슷한 단어를 가지고 말장난을 하면서 읽을 수도 있습니다. 예를 들어 엄마가 잭에게 낫을 챙겨 가라고 말하는 장면에서 sickle로 언어유희를 하는 것입니다. 당시 저희 아이가 아는 단어 중 sickle과 라임이 맞는 단어로 pickle(피클), tickle(간지럽히기), popsicle(얼음과자)가 있었습니다. 그래서 그림책 속 문장 'take a sickle'의 sickle 자리에 일부러 위 단어들을 넣어서 웃음을 유도했습니다.

엄마 : Oh, Jack, take a pickle! 잭, 피클을 가져가!

아이 : (웃음) pickle? 피클이요?

엄마 : Oops! I'm sorry, How about tickle?

앗, 미안! 그럼 티클을 가져갈래?

아이 : No, tickle is like this. tickle tickle tickle!

아니에요. 티클은 이런 거예요. 간질 간질 간질!

엄마 : (웃음) Then, what about a popsicle? 그럼, 얼음과자는?

아이 : (웃음) A popsicle? 얼음과자요?

그리고 냉동실에서 얼음과자를 꺼내 와 먹으면서 다시 그림책을 읽어 줍니다. 이렇게 아무 말 대잔치 같은 말놀이를 통해서 아이는 자연스럽게 sickle과 pickle, tickle, popsicle 간의 소리 차이를 깨달으며 언어 감각을 기를 수 있습니다.

중요한 것은 조금씩이라도 매일 하는 것입니다. 저는 엄마표 영어를 시작하면서 '단 하루도 우리 집에서 영어의 소리가 끊기는 날은 없도록 하겠다'라는 다짐을 했습니다. 풀타임 워킹맘인 저는 평일 30분, 주말 반나절 정도가 엄마표 영어에 할애할 수 있는 최대치였고, 그렇기에 더더욱 이 원칙을 필사적으로 지켰습니다. 퇴근이 늦거나 유난히 피곤한 날은 그림책을 딱 한 페이지(한 권이 아니라 한 쪽)만 읽어 준 적도 많습니다. 하지만 전혀 안 읽는 날은 없도록 최대한 노력했습니다.

압박감 극복하기

영어책을 읽어 주다 보면 아이가 우리말로 설명해 달라고 하는 때가 있습니다. 저는 아이에게 영어에 대한 압박감을 주고 싶지 않아서 우리말로 읽어 달라고 하면 망설임 없이 우리말로 읽어 주었습니다.

다만 이때 독해 지문을 풀이하듯 딱딱한 문어체로 해석하지 않고 책 흐름을 이해할 수 있는 자연스러운 우리말로 알려 주었습니다. 예를 들어 "They decided to have a party."라는 문장을 "그들은 파티를 개최하기로 결정했어."가 아니라 "걔네는 파티를 하기로 했대."처럼 자연스러운 입말체로 설명해 주는 것입니다. 이렇게 아이가 우리말 설명을 듣고 스토리를 이해하고 나면 영어로 다시 한 번 읽어 주었습니다. 만약 계속 우리말로만 듣고 싶어 한다면 우리말로 한 번 더 설명해 주고 나서 영어 노래를 들은 뒤 다시 책으로 돌아왔습니다. 우리말 흐름을 잠시 끊었다가 영어 모드로 돌아오는 것입니다.

책을 항상 처음부터 끝까지 다 읽어야 한다는 의무감도 가지지 않았습니다. 스토리 전체를 즐기는 것도 좋지만 아이가 한두 페이지에만 관심을 가지면 그 장면만 읽어 준 경우도 아주 많습니다.

비슷한 이유에서 읽은 책의 권수를 세는 일도 하지 않았습니다. 예를 들어 '1,000권 읽기 챌린지' 같은 것은 동기 부여 차원에서 긍정적인 기능을 하기도 하지만, 저 같은 사람은 성격상 숫자를 올리는 데 더 열중할 게 뻔했기 때문에 하지 않았습니다.

특히 저처럼 하루 30분 남짓 영어를 하는 상황에서는 무조건 다독을 하기보다는 아이가 좋아하는 책 몇 권을 여러 번 읽으면서 아이 스스로 영어를 깨우칠 시간을 주는 것도 중요합니다. 초반에는 반복 독서 비중을 높게 잡았다가 아이가 어느 정도 영어를 깨우쳐 가면 차차 다양하게 읽어 주는 전략이 효과적입니다. 그리고 이때에도 아이가 좋아하는 책은 원할 때마다 계속해서 읽으면서 그림 속에서 새로운 의미를 발견하고 아이와 대화를 나누는 것이 좋습니다.

발음에 관심 갖기

발음은 정말 중요하지 않을까

아이에게 영어 그림책을 읽어 줄 때 하게 되는 제일 큰 고민은 단연 발음일 것입니다. 저 역시 해외 생활을 오래 하지 않았기 때문에 그러한 고민을 누구보다 잘 알고 있습니다.

엄마가 발음에 자신 없어서 아이에게 직접 그림책을 읽어 주지 않는 것은 득보다 실이 훨씬 많습니다. 여러 전문가가 강조하듯이 아이는 음원 등을 통해 원어민의 영어를 들을 기회가 많아서 엄마의 완벽한 발음이 필수는 아닙니다.

하지만 '엄마의 발음은 상관없으니 그저 열심히 읽어 주라'는 말로 넘어가기에는 왠지 찝찝함이 마음 한편에 남습니다. 엄마가 정확한 발음을 들려줄수록 아이가 영어의 소리를 있는 그대로 흡수할 수 있다는 점은 부인할 수 없는 사실이기 때문입니다.

적어도 어떤 부분에서 본인의 발음이 원어민과 다른지는 알고 있는 것이 좋습니다. 그래야 엄마 스스로가 영어 읽기에 대한 막연한 두려움을 없앨 수 있습니다. 아이에게도 "엄마는 이 부분의 발음이 어려운데 스피커의 미국 삼촌은 이렇게 소리 내네." 하고 정확한 발음을 알려 줄 수 있습니다.

특히 조금만 신경 쓰면 발음이 훨씬 자연스러워지는 포인트가 많기 때문에 '발음은 중요하지 않아'라고 아예 관심을 끊기보다는 관련 책이나 영상을 보면서 조금씩 개선해 보는 것을 추천합니다.

우리가 다이어트를 할 때도 초기에 제일 살이 잘 빠지듯이 소위 '영알못'이라고 하는 초기 상태가 가장 적은 노력으로 큰 효과를 볼 수 있는 시기이기도 합니다. 더욱이 아이에게 매일 꾸준히 읽어 주다 보면 엄마의 발음도 늘기 때문에 다음 설명과 유튜브 영상 몇 가지를 참고하면 적은 노력으로 큰 변화를 만들 수 있습니다.

적은 노력으로도 개선이 쉬운 포인트들

가급적 어려운 용어를 배제하고 쉽게 설명하려고 합니다만, 이 장에서는 부득이하게 발음 기호를 인용하겠습니다. 발음 기호는

사전에서 단어를 검색하면 대괄호([ ]) 안에 나오는 기호
입니다. 생소할 수 있지만 유튜브에서 '영어 발음 기호'로
검색해서 취향에 맞는 것을 찾아 들어 보는 것을 추천합니다.

① 불필요한 '으' 버리기 : drop the '으'

우리말은 한 글자(한 음절)에 ㄱ, ㄴ, ㄷ, ㄹ 같은 자음이 단독으
로 존재할 수 없는 언어입니다. 그래서 ㄱ, ㄴ, ㄷ, ㄹ를 읽을 때 '그,
느, 드, 르'처럼 인위적으로 '으' 소리를 붙이곤 합니다.

이런 현상은 영어 단어를 우리말로 옮길 때 특히 두드러집
니다. 밀크(milk), 베드(bed), 뉴스(news), 드림(dream), 데이트
(date), 스트롱(strong), 드링크(drink), 브레이브(brave), 피트니스
(fitness), 아이스크림(ice cream), 스트레이트(straight), 스트레인
지(strange), 머스트해브(must-have), 크리스마스(Christmas)처럼
영어 자음에 '으' 소리를 넣어 표기하는 것입니다.

그러다 보니 영어를 할 때도 '으' 소리를 추가해서 발음할 때가
많습니다. 불필요한 '으'는 원어민이 한국식 영어를 들을 때 가장
거슬리는 점 중 하나라, 제가 어렸을 때도 원어민 선생님이 항상 끝
소리의 '으'를 버리라며 'drop the 으'를 강조하곤 하셨습니다.

② dog은 '독' 말고 '독g'으로 : 받침소리는 끝까지

bag과 back은 우리말로 표기할 때 모두 '백'으로 씁니다. 그러다 보니 영어로 말할 때도 모두 /백/으로 발음하여 bag의 받침소리인 /g/나 back의 받침소리인 /k/를 놓치곤 합니다. '빅', '북', '독', '캣'으로 표기하는 big, book, dog, cat 등도 마찬가지입니다.

이런 끝소리들은 빠른 속도로 말할 때는 자연스럽게 묻히지만 아이에게 천천히 말하는 단계에서는, 특히 문장 맨 끝의 받침소리는 정확히 들려주는 것이 좋습니다. 예를 들어 〈I Want My Hat Back〉(Jon Klassen), 〈I Want a Dog〉(Jon Agee), 〈Pete the Cat〉(James Dean) 같은 그림책을 읽어 줄 때 /백k/, /독g/, /캣t/처럼 발음해야 아이가 정확한 소리를 인지할 수 있습니다.

다만 끝소리를 낸다는 것은 인위적으로 '으'를 붙여 '배크', '도그', '캐트'처럼 발음하는 것이 아니라, 해당 자음이 가진 본연의 소리를 내는 것입니다.

③ sky는 '스카이' 말고 '스까이'로 : 된소리가 되는 /p/, /t/, /k/

/s/ 소리 뒤에 /p/, /t/, /k/가 오면 된소리화되어 /ㅃ/, /ㄸ/, /ㄲ/로 소리가 납니다. speak은 '스삐읔k', spoon은 '스뿌운', stop은 '스땁p', stand는 '스땐d', sky는 '스까이', scream은 '스끄림'과 같이 발음되는 것입니다. 우리나라 사람들이 가장 쉽게 고칠 수

있는 포인트이기도 하니 꼭 연습해서 개선하시기를 추천합니다.

그림책에 특히 자주 나오는 단어로는 speak, spoon, spring, stop, star, stay, sky, school, scream 등이 있습니다.

④ moon은 '문' 말고 '무으은'으로 : /uː/

moon, noon, soon, spoon, food, fool, cool, school, pool, soup, suit, fruit, zoo, shoe와 같이 /uː/ 발음이 들어 있는 단어는 '우' 소리를 확실히 길게 발음해 주어야 자연스럽습니다. 다만 good, hood, foot, book, look, cook은 스펠링에 'oo'가 포함되지만 짧은 우(ʊ) 소리라는 것에 주의해야 합니다.

· **참고 그림책** : <Goodnight Moon>(Margaret Wise Brown), <Spoon>(Amy Krouse Rosenthal), <The Cool Beans>(Jory John), <Dear Zoo>(Rod Campbell), <You'll Soon Grow into Them, Titch>(Pat Hutchins) 등

⑤ home은 '홈' 말고 '호움'으로 : /oʊ/

home, go, toe, no, open, cocoa*, ocean, phone, over, boat 등은 우리말로 '홈', '고', '토', '노', '오픈', '코코아', '오션', '폰', '오버', '보트'와 같이 표기하지만 정확한 소리는 '오

---

* 우리에게 '코코아'로 익숙한 cocoa의 정확한 영어 발음은 '코우코우'입니다.

우'에 가깝습니다. 그래서 '호움', '고우', '토우', '노우', '오우쁜', '코우코우', '오우션', '포운', '오우버', '보우트'처럼 소리 내야 합니다.

- **참고 그림책** : <N<u>o</u>, David!>(David Shannon), <G<u>o</u>, G<u>o</u>, G<u>o</u>! : Kids on the Move>(Stephen R. Swinburne), <Bear at H<u>o</u>me>(Stella Blackstone), <B<u>oa</u>t>(Byron Barton), <Rain!>(Linda Ashman) 등

⑥ wolf는 '울프' 말고 '우얼프'처럼 : /wʊ/

wolf, woof, wool, wood, would는 우리말에서 '울프', '우프', '울', '우드' 등으로 표기합니다. 하지만 정확히는 '우얼f', '우어f', '우얼l', '우어d'처럼 '우어'에 가깝습니다. 한꺼번에 '울프', '우드'라고 소리 내지 말고 '우얼f', '우어d'라고 발음하도록 연습합니다.

- **참고 그림책** : <Go Away Mr. W<u>o</u>lf!>(Atsuko Morozumi), <Look Out Suzy Goose>(Petr Horacek), <Who Says W<u>oo</u>f?>(John Butler) 등

⑦ penguin은 '펭귄' 말고 '펭구인'처럼 : /gw/, /kw/

penguin, queen, quick, quit, squeeze, quiet, question 같이 단어에 gu나 qu가 들어가고 그 뒤에 바로 모음이 따라오는 단어는 우리말에서 '펭귄', '퀸', '퀵', '스퀴즈', '콰이어트', '퀘스천' 등 '위', '와', '웨'로 표기합니다. 하지만 이 소리는 한꺼번에 '위', '와', '웨'로 소리

나는 게 아니라 시차를 두고 '으-위', '으-와', '으-웨'에 가깝게 발음
해야 합니다. 그래서 '펭구인', '크위인', '크위익', '스쿠위즈', '크와이
어트', '크우웨스천'처럼 발음하는 것이 더 정확합니다.

· **참고 그림책** : <Penguin on Vacation>(Salina Yoon), <Quick as a
Cricket>(Audrey Wood), <Peppa Meets the Queen> 등

⑧ all은 '올' 말고 '얼'처럼 : /ɔː/

all, always, ball, dog, long, talk, law, saw 등은 우리말로
'올', '올웨이즈', '볼', '독', '롱', '토크', '로', '소'로 표기되다 보니 영어
발음도 '오'로 내는 경우가 많습니다. 하지만 /ɔː/는 '오'보다는 '어'
에 좀 더 가까운 소리입니다.

사실 /ɔː/는 우리나라 사람들이 가장 힘들어하는 모음 중
하나입니다. 하지만 이 고비를 넘기면 발음이 정말 원어민 같아지
는 소리이니 연습해 볼 만한 가치가 있습니다.

· **참고 그림책** : <They All Saw a Cat>(Brendan Wenzel), <My
Crayons Talk>(Patricia Hubbard), <Mama, How Long Will You
Love Me?>(Anna Pignataro) 등

⑨ 숨바꼭질(seek)은 '씨이이익', 아플 때(sick)는 '씩' : 뜻이 달라지는 /iː/와/ɪ/

우리나라 사람들이 영어를 발음할 때 가장 생소함을 느끼는 부분이 r, l, f, v, th, z 같은 자음이다 보니 상대적으로 모음에는 신경을 덜 쓰는 경향이 있습니다. 그런데 영어는 우리말에 비해 모음이 굉장히 강조되는 언어입니다.

모음의 장단(길고 짧음)에 따라 의미가 바뀌는 경우도 많습니다. 대표적으로 /i/ 소리를 길게 낼 때와 짧게 낼 때가 그렇습니다. 긴 소리는 모음을 길게 빼기 때문에 /이이이/처럼 '이' 소리가 분명하게 들리고 짧은 소리는 모음이 가볍게 터치되는 느낌이라 '이'와 '에'의 중간에 가까운 소리가 나는 것이 특징입니다. 그림책에 자주 등장하는 어휘로 예를 들어보면 seek과 sick이 있는데 seek를 길게 소리 내고('씨이이일' 느낌) sick을 짧게 소리 냅니다('씩' 느낌).

장모음, 단모음은 개선하기도 쉬운 데다 의미의 차이를 가져오기 때문에 꼭 신경 써서 발음해 주는 것이 좋습니다. 비속어와 결부되면 난감해지기 때문에 더욱 주의가 필요한 부분으로, 가령 해변에 간다는 맥락에서 'go to the beach'가 'go to the bitch'로 들린다거나, 종이 한 장을 달라는 맥락에서 'a sheet of paper'가 'a shit of paper'로 들릴 수 있습니다.

이처럼 의미의 차이를 가져오는 긴 소리, 짧은 소리 단어 중에서 영어 그림책에 자주 나오는 단어들을 정리하면 다음과 같습니다.

긴 소리 /iː/	짧은 소리 /ɪ/	그림책에서의 사용례	
seek	sick	긴 소리 /iː/	Hide and Seek.
		짧은 소리 /ɪ/	I'm sick.
beat	bit	긴 소리 /iː/	I'm beating my chest.
		짧은 소리 /ɪ/	Just a little bit.
seat	sit	긴 소리 /iː/	Take a seat.
		짧은 소리 /ɪ/	Sit down.
heat	hit	긴 소리 /iː/	Heat up the milk.
		짧은 소리 /ɪ/	Don't hit your sister.
feet	fit	긴 소리 /iː/	Touch your feet.
		짧은 소리 /ɪ/	It doesn't fit.
eat	it	긴 소리 /iː/	Let's eat.
		짧은 소리 /ɪ/	Do it.
Pete	pit	긴 소리 /iː/	Pete the Cat
		짧은 소리 /ɪ/	a ball pit
neat	knit	긴 소리 /iː/	neat and tidy
		짧은 소리 /ɪ/	She knitted a sweater.
feel	fill	긴 소리 /iː/	How do you feel?
		짧은 소리 /ɪ/	Fill the bathtub.
seal	sill	긴 소리 /iː/	a seal
		짧은 소리 /ɪ/	a windowsill

heel, heal	hill	긴 소리 /iː/	Touch your heels. It will heal.
		짧은 소리 /ɪ/	over the hill
wheel	will	긴 소리 /iː/	The Wheels on the Bus
		짧은 소리 /ɪ/	I will.
peek	pick	긴 소리 /iː/	No peeking.
		짧은 소리 /ɪ/	Pick it up.
leave	live	긴 소리 /iː/	Let's leave here.
		짧은 소리 /ɪ/	I live here.
sleep	slip	긴 소리 /iː/	Go to sleep.
		짧은 소리 /ɪ/	I slipped on ice.
green	grin	긴 소리 /iː/	Big green monster
		짧은 소리 /ɪ/	He gave a grin.
steal	still	긴 소리 /iː/	Did you steal the cookies?
		짧은 소리 /ɪ/	I'm still waiting.
peach	pitch	긴 소리 /iː/	a peach
		짧은 소리 /ɪ/	a high pitch
lead	lid	긴 소리 /iː/	Little Blue Truck leads the way.
		짧은 소리 /ɪ/	A pot lid
bean	been, bin	긴 소리 /iː/	The cool beans
		짧은 소리 /ɪ/	Where have you been? a recycling bin

⑩ and는 '애애앤드', end는 '엔드' : 뜻이 달라지는 /æ/ 와 /e/

/æ/는 소리를 약간 길게 끌면서 입꼬리를 좌우로 늘리며 발음합니다. 그런가 하면 /e/는 상대적으로 입이 덜 벌어지고 약간 짧게 소리 냅니다. 연습해 볼 수 있는 가장 쉬운 예는 and와 end인데 '애애앤드(and)', '디 엔드(the end)'를 비교하며 들어보면 차이를 구분하기 쉽습니다. 이렇게 /æ/와 /e/가 포함된 어휘 중 그림책에서 자주 접하게 되는 것들은 다음과 같습니다.

/æ/	/e/		그림책에서의 사용례
and	end	/æ/	and
		/e/	The end
dad	dead	/æ/	My dad
		/e/	She's dead.
bad	bed	/æ/	The bad seed
		/e/	Time for bed.
sad	said	/æ/	I'm sad.
		/e/	They said.
mad	med	/æ/	Don't be mad.
		/e/	med school
man	men men	/æ/	a man
		/e/	five little men

pan	pen	/æ/	a pan
		/e/	a pen
sand	send	/æ/	a sand castle
		/e/	Send me a letter.
pack	peck	/æ/	Pack your bag.
		/e/	A woodpecker pecks on the tree.
marry	merry	/æ/	Marry me.
		/e/	The more the merrier.
sat	set	/æ/	He sat down.
		/e/	Set up a tent.
pat	pet	/æ/	Pat the bunny.
		/e/	a pet
had	head	/æ/	Old Macdonald Had a Farm.
		/e/	From head to toe
paddle	pedal	/æ/	Get the paddle and row!
		/e/	Push the pedals.

이 단어 외에도 그림책에 자주 나오는 'cat, hat, bat, hand, lamb, add'와 같은 단어들 역시 /æ/ 소리를 잘 살려 주는 것이 좋습니다.

PART 7

영어 그림책을
실생활과 연계하기

그림책을 실생활과 이어 주는 방법

실생활과 단절된 일방적 영어 인풋만으로는 아이의 유의미한 발화를 이끌어 내기 어렵습니다. 특히 하루 30분 정도 영어를 접하는 환경에서는 더욱 그렇습니다. 따라서 아래의 방식으로 아이의 영어 습득 상태에 따라 그림책 속 영어와 실생활 속 경험을 연계해 주는 것이 필요합니다.

초기 : 책에 나온 것들을 현실에서 모방하는 단계

초기 단계에서는 오감을 통한 직접 경험* 방식으로 아이가 영어

---

* 오감을 통한 직접 경험은 초기와 적응기 단계에서 가장 중요한 활동으로, 'PART 8. 영어의 기초 다지기' 편에서 상세하게 다루겠습니다.

의 소리와 의미를 대응해서 이해할 수 있도록 합니다. 예를 들어, 아이가 좋아하는 그림책에 나온 사물을 눈앞에서 직접 보여 주거나 동사의 행동을 직접 해 보며 해당 영어 단어를 발음해 줍니다. 그리고 아이가 그 단어를 말하면 엄마가 한 번 더 따라 발음하고 호응해 주는 것입니다. 〈Hair〉(Leslie Patricelli)를 예로 들어 보겠습니다.

예

엄마 : (엄마 머리카락을 만지게 하며 hair라는 소리를 들려줍니다.) **Hair.**

아이 : Hair.

엄마 : Hair. That's right. ♡♡ This is my hair!

(이 단계에서 아이와 눈맞춤, 뽀뽀, 포옹을 많이 합니다.)

(이번에는 아이 머리카락을 만지며) **And, this is your hair.**

적응기 : 하나둘씩 응용하며 다양한 문장 구조에 적응하는 단계

이 시기는 초기 단계를 거치면서 어휘가 많이 친숙해진 상태입니다. 여기서 그림책과 연관 지어 아이에게 다양한 문장 구조의 말을 들려줌으로써 영어의 기본 구조, 즉 평서문은 '주어+동사'의 구조로 이루어진다는 점, 부정문에는 특정 단어 사이에 'not'이라는 단어가 들어간다는 점, 의문문에는 be동사나 do가 쓰인다는 점 등에 익숙해지도록 합니다.

구체적으로 아이의 행동을 묘사하기도 하고, 여러 가지 질문을 해 보기도 하고 긍정문 혹은 부정문으로 대답하는 모습도 보여 줍니다. 질문과 대답은 엄마가 1인 2역을 해도 좋고 인형을 사용해도 좋습니다.

예 **행동묘사**

엄마 : (아이에게 빗을 가져다주며) **I have a brush.**

아이 : (빗으로 머리를 빗어 봅니다. 아이가 스스로 빗지 않으면 엄마가 살짝 도와줍니다.)

엄마 : (아이를 가리키며) **Oh, you're brushing your hair.**

(엄마가 빗으로 본인 머리를 빗는 시늉을 하며) **I want to brush my hair, too.**

예 **의문형, 부정형 문장**

엄마 : (아이가 좋아하는 인형 두 개와 빗을 가져옵니다.)

아이 : Elmo! Cookie Monster!

엄마 : (엘모 인형이 머리 빗는 행동을 한 뒤 쿠키 몬스터 인형을 들고)

Elmo, are you brushing your hair?

(그런 뒤 엘모 인형을 들고) **Yes, I'm brushing my hair.**

(부정형은 엘모의 대답에서 "No, I'm NOT brushing my hair."라고 not을 강조
해서 들려줍니다.)

역할놀이에서 중요한 것은 학습처럼 느껴지게 하면 안 된다는
점입니다. 평소 아이와 노는 것처럼 자연스럽게 들려주는 것이 핵
심입니다. 그러려면 한 번에 여러 내용을 담으려 하지 말고 간단한
것부터 하나씩 해야 합니다.

[질문] A 하니? 안 하니?
[대답] A 한다, 안 한다.

문장 구조도 처음에는 위 대화처럼 'Are you~?', 'Do you~?'
를 활용한 간단한 문장에 아이가 충분히 익숙해지도록 기다려 줍
니다. 적응했다 싶으면 의문사(what, why, when, where, how 등)를
넣어서, 아래와 같이 물어봅니다.

[질문] 뭐 하니?
[대답] 뭐 한다.
[질문] 어떻게 하니?
[대답] 어떻게 한다.

아이의 영어 흥미도와 발화 상태에 따라 주요 표현도 시도해 봅니다. 대표적으로 'I want to~'나 'I don't want to~' 같은 것이 좋습니다. 익숙해지면 "엄마, 나 ○○할래요.", "○○는 싫어요." 등 스스로 할 수 있는 말이 많아집니다.

예 심화

엄마 : (엄마가 머리를 감은 후 아이에게 축축한 머리카락을 만지게 하며)

Look at this, my hair is wet. It's so WET.

이것 좀 봐. 엄마 머리카락이 축축해. 너무 축축해.

아이 : Wet. 축축해.

엄마 : Yes, wet. My hair is wet, because I just washed it.

Do you want to watch me dry my hair? 맞아, 축축해.

방금 머리를 감아서 축축해. 엄마가 머리 말리는 거 볼래?

아이 : Yes, yes! 네, 좋아요!

엄마 : This is a hair dryer. I can blow dry my hair with this.

이건 드라이기라고 해. 드라이기로 이렇게 머리를 말리는 거야.

(드라이기로 머리 말리는 모습을 보여 주며 조금씩 말라 가는 촉감을 느끼게 합니다.)

My hair is dry now, because I blow dried my wet hair.

이제 다 말랐어. 왜냐하면 드라이기로 젖은 머리카락을 말렸거든.

이와 같은 대화에서 아이는 촉감을 통해 wet과 dry의 의미를 생생하게 느낄 수 있습니다. 드라이기에서 나오는 바람을 보면서는 blow의 의미를 이해할 수도 있습니다. 'Want to'가 '~ 할래?'라는 용법으로 사용된다는 것도 맥락을 통해 깨달을 수 있습니다.

또, '머리를 감다 → 머리가 축축하다', '드라이기로 말리다 → 머리가 뽀송뽀송하다'라는 설명에서 반복적으로 because를 들려주어서 인과 관계 개념을 막연하게나마 인지할 수도 있습니다.

숙련기 : 책에 나온 소재를 유사한 상황에서 활용하는 단계

아이는 적응기를 거치면서 부쩍 표현력이 자랍니다. 엄마와 함께 그림책을 볼 때도 먼저 영어로 말을 시작할 때가 많아집니다. 그렇게 아이가 주도해서 그림책 속 소재를 이야기하면 이를 바탕으로 대화를 이어 나갑니다.

아이 : (<Hair>를 보며) **Mommy, I want to brush my hair.** 엄마, 나 머리 빗을래요.

엄마 : **Okay, let me get you a brush.** 그래, 엄마가 빗 갖다줄게.

이 단계에서는 엄마의 표현력이 다소 필요합니다만 어디까지나 쉬운 영어를 씁니다. 그래도 영어가 부담이라면 시중에 나와 있는 엄마표 생활 영어 교재를 참고하시는 것도 좋습니다. 제가 본 것 중에는 〈올리버쌤의 미국식 아이 영어 습관 365〉(올리버 그랜트), 〈미국엄마와 함께하는 리얼 엄마표 영어〉(김캐서린)가 괜찮았습니다.

엄마가 직접 여러 표현을 구사하기가 어렵다면 〈The Hair Book〉(Graham Tether), 〈Don't Touch My Hair〉(Sharee Miller), 〈Daddy Hairdo〉(Francis Martin) 등 동일한 소재를 다루는 여러 그림책을 같이 읽어서 아이가 다양한 표현을 접하게 하는 것도 대안이 될 수 있습니다.

엄마를 위한 Tip

엄마표 생활 영어 교재의 표현을 열심히 외워도 막상 실제 대화에서는 못 쓰는 경우가 많습니다(책으로만 배우면 그게 당연합니다). 영어책 속 표현을 내 것으로 만들고 싶다면 어떤 상황에서 아이에게 말을 건넬 것인지 머릿속에서 구체적인 이미지를 그리며 외워야 기억이 오래갑니다. 그래도 외워지지 않는다면 그 표현을 사용할 법한 장소(예: 식탁, 화장실 등)에 가서 실제로 내가 할 법한 제스처를 하면서 영어 문장을 읊어 보면 표현을 체화하는 데 도움이 됩니다.

완성기 : 그림책과 관계없이 일상 대화를 영어로 하는 단계

완성기는 일상에서 우리말과 영어를 모두 구사하는 이중 언어 (바이링구얼리즘)에 해당하는 단계로, 엄마표 영어에서 필수적인 것은 아닙니다. 저 역시 영어가 모국어는 아니기 때문에 엄밀한 단계의 완성기에는 이르지 못하고 제가 소화 가능한 범위 내에서 하고 있습니다.

이 단계에서는 아이와 엄마가 아래처럼 대화해 볼 수 있습니다. 주제의 연속성을 위해 계속 〈hair〉로 예를 들어 보겠습니다.

엄마 : Let's get ready for school. 어린이집에 갈 준비하자.

아이 : I want to do my hair first. 머리부터 할래요.

엄마 : Okay, do you want me to braid your hair?

그래, 머리 땋아 줄까?

아이 : No, just a ponytail please. 아뇨, 그냥 포니테일로 해 주세요.

그림책과 실생활 연계를 통한 시너지

　　초기와 적응기는 아이가 영어로 자기 의사를 표현하고 엄마의 반응을 이끌어 내는 경험을 하는 데 의의가 있습니다. 원하는 것이 있을 때 우리말이 아닌 영어를 사용해도 얻을 수 있다는 것을 스스로 깨닫는 것입니다. 그렇기에 간단하고 쉬운 영어라도 엄마와 직접 대화해 보는 것이 중요합니다.

　　적응기에서 다양한 문장 구조에 익숙해지고, 오감을 통한 직접 경험으로 쌓인 어휘력이 더해지면 아이의 영어 말문이 터지는 숙련기가 옵니다.

　　숙련기에서는 아이가 기본적인 의사 표현을 스스로 할 수 있습니다. '~하고 싶다', '~는 싫다', '기쁘다', '슬프다' 등 욕구와 감정에 대한 표현을 하기도 하고, 책 속 인물을 보고 "Why is he crying?", "What are they eating?" 같은 능동적인 표현도 하게 됩니다.

완성기는 아이의 언어 습득 수준에 따라 발화의 질과 양에서 차이는 있지만 아이가 엄마와 그림책과 무관하게 일상에서 영어로 대화하는 단계입니다.

이렇게 그림책에서 접한 영어를 실생활에 적용하면 그림책과 일상생활의 시너지 효과가 극대화됩니다. 그림책 내용을 생활에서도 경험하면 아이는 그림책이 더 재미있어집니다. 즐기는 그림책이 점점 늘면서 표현력도 깊어집니다. 나아가 다른 그림책도 재미있어지는 선순환이 일어납니다.

다만 노파심에 강조하자면, 각 단계를 커리큘럼처럼 생각하시면 안 됩니다. 아이의 영어 습득 상태를 잘 관찰하고 수준에 맞게 하나씩 하나씩 시도해 보는 것이지 '지난달에는 초기, 이번 달에는 적응기, 다음 달에는 숙련기'처럼 엄마의 '계획'대로 진도를 나가는 것이 아니라는 의미입니다.

저는 엄마표 영어의 주도권은 어디까지나 아이에게 있어야 한다고 생각합니다. 엄마는 관찰자 역할을 잘 하면서 아이 상태에 맞게 적절한 도움을 주는 역할을 충실히 하면 됩니다.

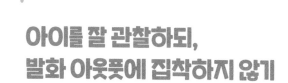

아이를 잘 관찰하되,
발화 아웃풋에 집착하지 않기

아이와 함께 그림책을 읽고 실생활에 적용하는 과정에서 엄마의 관찰력은 핵심적인 역할을 합니다.

아이의 현재 관심사와 영어 습득 상태를 객관적으로 파악하는 관찰력은 아이가 조금씩 영어로 발화를 시작하는 과정에서 특히 중요합니다. 아이가 읽고 싶은 책을 발음했을 때 엄마가 제대로 알아듣고 그 책을 가져다준다든지, 물 달라는 의사 표시를 바로 캐치하고 호응해 주면 아이는 영어라는 언어로도 의사소통할 수 있다는 것을 깨닫습니다. 이런 경험이 쌓이면 우리말처럼 영어를 자연스럽게 일상의 언어로도 활용하게 됩니다.

이때 평소에 아이가 어떤 책을 특히 좋아했는지, 어떤 페이지의 어떤 그림을 보고 어떤 반응을 보였는지 꾸준히 기록해 두면 아이의 어눌한 영어를 알아듣기가 훨씬 쉽습니다. 저는 출근길 지하철에서 휴대전화로 틈틈이 기록했습니다.

만약 아이가 어떤 책을 갖다 달라고 하는 거 같은데 도저히 알아들을 수 없다면 그 전에 읽었던 책을 전부 펼쳐 놓고 그중에 직접 고르게 하는 것도 방법입니다. 그러다 보면 아이 특유의 영어에 엄마도 적응하게 됩니다.

다만, 아이를 면밀히 관찰한다는 명분으로 영어 발화에 집착하지는 말아야 합니다. 아이가 어릴수록 말을 한다는 것 자체가 너무 신기하고 귀여운데 영어로까지 재잘재잘하면 그렇게 대견할 수가 없습니다. 하지만 그런 마음이 자칫 아이에게 압박이 되지 않도록 항상 마인드 컨트롤을 했습니다.

그래서 저는 아이에게 노골적으로 "영어로 말해 볼래?", "이건 영어로 뭐라고 말해?" 같은 질문은 절대 하지 않았습니다. 다른 집 아이들을 보면 비교하게 될까 봐 다른 엄마들의 엄마표 영어 영상도 일부러 피했습니다. 저희 아이의 발화 수준이 궁금할 때는 유튜브의 원어민 아이 영상을 참고해서 현재 수준을 가늠했습니다.

아이의 아웃풋에 초연해지려면 기대를 내려놓고 딱 내가 소화할 수 있는 범위 안에서만, 아주 힘들이지 않고 할 수 있는 것 위주로 해야 합니다. 그렇게 꾸준히 하다가 익숙해지면 한 가지씩 추가해 보는 점진적인 방식이 엄마도 아이도 모두 행복한 엄마표 영어의 비결입니다.

글자 수가 약간 있는 책 : <Trashy Town>(Andrea Zimmerman)

(줄거리) 미스터 길리Mr. Gilly라는 환경미화원 아저씨가 쓰레기 트럭을 몰고 온 마을의 쓰레기를 비운 뒤 집에서 목욕한다는 이야기

(1) 초기

미스터 길리처럼 쓰레기통 비우는 행동을 아이와 직접 해 봅니다. 이 과정에서 trash can, empty 등의 표현을 활용합니다.

엄마 : (가득 찬 쓰레기통을 보며) **We need to empty this trash can. It's full.** 쓰레기통 비워야겠다. 꽉 찼어.

아이 : Okay. 좋아요.

(2) 적응기

'Are you~', 'How do you~', 'Can you~' 등으로 시작하는 질문과 답변을 통해 다양한 문장 구조를 들려줍니다.

엄마 : (아이가 쓰레기 트럭 장난감을 갖고 놀 때) **Are you a trashman, like Mr. Gilly?** 우리 아가 환경미화원 아저씨야? 길리 아저씨처럼?

아이 : Yes! I empty trash cans. 네! 제가 쓰레기통을 비우는 거예요.

엄마 : Wow, how do you empty them? Can you show me?

우와, 어떻게 하는 거야? 보여 줄래?

(3) 숙련기

아이와 산책하던 중 환경미화원 아저씨를 보고 책 내용과 연계하여 대화를 이어 가는 상황입니다.

아이 : (산책 중 환경미화원 아저씨를 보며) **Look, that's Mr. Gilly!**

저기 보세요, 길리 아저씨예요!

엄마 : **Yeah, he looks very busy.** 그러네, 엄청 바빠 보이시네.

아이 : **When he's done, he'll go home and take a bath.**

다 치우고 나면 집에 가서 목욕하실 거예요.

(4) 완성기

일상에서 쓰레기 버리러 가는 상황을 영어로 이야기해 봅니다.

엄마 : **Daddy is taking out the trash.** 아빠가 쓰레기 버리러 간대.

아이 : **Can I come along?** 따라가도 돼요?

엄마 : **Sure. He is waiting for you.** 물론이지. 아빠가 기다리고 있네.

추가 예시 2

본격적인 스토리가 있는 책 : <Room on the Broom>(Julia Donaldson)

(줄거리) 마녀가 동물 친구들을 빗자루에 태워 가다가 용에게 잡아먹힐 뻔했는데 동물 친구들이 괴물인 척해서 용을 쫓아 버린다는 이야기

(1) 초기

아이들은 책에 나오는 장면을 따라 하고 싶어 합니다. 그럴 때 집에 있는 장난감 등 소품을 활용하면 아이의 흥을 더욱 북돋워 줄 수 있습니다.

아이 : (책 속 장면을 흉내 내며) I clamber on, and tap the broomstick! Whoosh! 빗자루에 올라타서 탁 두드리면! 휘익!

엄마 : (약간 호들갑스럽게 호응해 줍니다.) Oh, Orori is gone, where is she? She's in the sky! 앗 오로리가 없어졌네, 어디 갔지? 하늘에 있네!

(2) 적응기

책 내용을 가지고 질문과 답변을 조금씩 시도합니다.

엄마 : Look at the dragon. How does he feel? 용 좀 봐. 기분이 어떨까?

아이 : He's scared. 무서워해요.

엄마 : Yes, he looks scared. Can you guess why?

그러게, 진짜 무서워 보이네. 왜 그런 거 같아?

아이 : He... he.... (표현이 막힘)

엄마 : (아이가 말하고 싶은 바를 파악해서 완전한 문장으로 들려줍니다.)

He thinks it is a monster, right? 용은 그게 괴물인 줄 아는 거야, 그치?

아이 : Yes, yes! He thinks it's a monster!

맞아요, 맞아요! 괴물인 줄 아는 거예요!

(3) 숙련기

아이 : (책을 보며) Mommy, what is the witch doing?

> 엄마, 마녀가 뭐 하는 거예요?

엄마 : She's saying a magic spell "Iggety ziggety zaggety ZOOM!"

> "Iggety ziggety zaggety ZOOM!" 하면서 주문을 외우고 있네.

아이 : I want to say the magic spell, too. I want to turn the froggy into a bat!

> 나도 주문 외울래요. 나는 개구리를 박쥐로 만들 거예요!

(4) 완성기

아이 : Mom, I want to be a witch for Halloween.

> 엄마, 나 이번 핼러윈에 마녀 할래요.

엄마 : Yep, what do you need to be a witch?

> 그래, 마녀 하려면 뭐가 필요하지?

아이 : I need a broom, a hat, and a wand! 빗자루, 모자, 마술봉이요!

엄마 : Ok, let's find out what else you'll need.

> 그래, 또 뭐가 필요할지 한번 알아보자.

PART 8

영어의 기초 다지기

아이들의 언어 습득 원리

성인이 영어 공부를 할 때는 주로 'twinkle : 반짝거리다'처럼 단어장의 설명을 보고 의미를 외웁니다. 하지만 아이들의 언어 습득은 특정 맥락에서 항상 A라는 소리가 들린다는 것을 깨달으며 이루어집니다.

저는 아이가 신생아 시절부터 그림책에서 별이 반짝이는 장면을 보여 줄 때 반짝반짝 손동작을 해 주었습니다. 그러자 어느 날은 아이가 벽에 걸려 있던 황금빛 물고기 그림을 보며 반짝반짝 손동작을 했습니다. 그 손짓을 보고 저는 '이 물고기는 반짝반짝하네.'라고 생각하는 아이의 마음을 읽을 수 있었습니다.

이것을 좀 더 체계적으로 발전시킨 것이 어린 아기와 엄마 사이에 몸짓·손짓을 활용한 의사소통 즉, '베이비 사인 랭귀지'입니다.

그리고 이 에피소드에서 '손짓'을 '음성'으로 바꾸면 언어가 됩니다. 아이에게 일상의 구체적인 맥락에서 특정 단어를 반복해서 들려주면 그 단어의 의미를 체득하는 것입니다. 이런 이유에서 그림책에 등장하는 표현을 생활 속 맥락과 연계하여 아이에게 들려주는 것이 중요합니다. 원어민 아이가 일상에서 접할 법한 대화 상황을 단순화해서 재현하는 셈인데, 맥락에 영어의 소리를 입혀 주는 것이라고 생각하시면 됩니다. 맥락 속에서 들은 소리는 직관적으로 의미를 이해하게 되고 기억도 오래갑니다.

엄마에게 어렵지만 아이에게는 쉬운 단어

가끔 '이 단어는 좀 어려운 거 같은데 아이에게 알려 줘야 하나' 싶은 생각이 들 때가 있습니다. 그런데 외국인인 우리에게는 어렵지만 원어민 아이들에게는 쉬운 단어로 인식되는 것이 많습니다.

외국인인 우리가 경험하는 일상과 원어민이 경험하는 일상이 다르다 보니 그들이 빈번하게 사용하는 단어도 우리 입장에서는 어렵게 느껴지는 것입니다. 가령 pretend, tangled, stethoscope 같은 것은 우리에게는 낯설지만 원어민 아이들에게는 '역할놀이(pretend play)', '원숭이 흉내 낼래요(I'll pretend to be a monkey)', '실이 꼬였어요(It's tangled)', '라푼젤(Tangled)', '병원놀이 장난감의 청진기(stethoscope)' 처럼 일상에서 자주 접하는 쉬운 단어입니다.

맥락에 영어 소리 입혀 주기

영어의 어휘 체계를 기능별로 살펴보면 다음과 같이 대략 다섯 가지 유형으로 나눠 볼 수 있습니다. 각 유형별 특징에 맞추어 생활 속 맥락에서 영어 단어를 들려줍니다.

영어 어휘의 대략적인 구분

종류	문법적 용어	예
사물을 가리키는 말	명사	동식물, 자연물, 음식, 탈것, 색깔, 모양 등
행동을 가리키는 말	동사	걷다, 뛰다, 먹다, 마시다 등
상태를 가리키는 말	형용사, 부사	크기, 높낮이, 속도, 온도, 맛, 감정 등
사람을 가리키는 말	인칭 대명사	나/나의/나를/나의 것 등
위치를 가리키는 말	전치사	위, 아래, 앞, 뒤 등

다음 설명을 보고 '아, 이런 느낌으로 하는 거구나.' 하면서 아이의 관심사에 맞추어 적용하시면 됩니다. 핵심은 진도 빼듯이 단기간에 쭉쭉 하는 것이 아니라 아이와 상호 작용하며 놀이하는 과정에서 즐겁게 영어를 들려주는 것입니다. 아이들은 수업이 아니라 놀이를 통해 배운다는 사실을 항상 기억해야 합니다.

사물을 가리키는 말

우리가 보통 명사라고 인식하는 단어가 이 유형에 속합니다. 이런 어휘는 해당 단어가 의미하는 사물을 실제로 아이 눈앞에서 보여 주며 단어를 발음합니다.

아이들은 단어 카드보다 실제 사물을 볼 때 의미를 더 직관적으로 받아들이고 자연스러운 발화를 시작합니다. 실물을 직접 보여 주기 어려운 경우에는 동식물 피규어와 과일·채소 모형, 장난감 등을 활용할 수 있습니다.

피규어는 슐라이히사(社)와 컬렉타사(社)의 제품이 정교하고 안전한 것으로 알려져 있습니다. 동물원에 가도 동물을 가까이서 자세히 볼 수 없기 때문에 이런 정교한 피규어를 활용하면 아이가 찬찬히 관찰할 수 있어서 좋습니다.

과일 채소 등 음식 모형은 러닝리소스사(社)에서 출시되는 과일·야채 세트가 유용합니다. 빗자루와 쓰레받기, 대걸레 같은 청소용품은 멜리사앤더그사(社)의 청소 도구 세트가 괜찮습니다.

위에서 언급한 회사들의 제품은 조금 비싸지만 대체로 좋은 장난감이 많아서 저는 중고 마켓 어플에 판매글이 올라올 때마다 구매했습니다.

그 외에도 단어를 시각적으로 보여 줄 수 있는 물건을 상황에 맞게 활용하면 좋습니다. 예를 들어 아이 신발을 샀을 때 별막대 모양의 장식이 딸려 온 적이 있는데 아이가 그걸 보자마자 'fairy wand(요술봉)'라고 불렀습니다. 그래서 그때부터 역할놀이를 할 때 요술봉으로 썼습니다.

이런 사물을 아이에게 보여 주며 단어를 발음하면 아이는 제가 들려준 소리를 바로 따라 하기도 하고, 때로는 스스로 먼저 발화하기도 했습니다.

① 과일·채소

apple(사과), pear(배), banana(바나나), grape(포도), orange(오렌지), tomato(토마토), cherry tomato(방울토마토), watermelon(수박), peach(복숭아), strawberry(딸기), lettuce(상추), spinach(시금치), cabbage(양배추), napa cabbage(배추), pumpkin(호박), zucchini(애호박), cucumber(오이) 등

⌐ 아이와 함께 식재료를 구경하면서 과일이나 야채를 영어로 어떻게 부르는지 알려 줍니다. 주방놀이 장난감의 모형 과일 및 야채를 보며 영어로 발음해 주는 것도 효과적입니다.

· **관련 그림책** : <Lunch>(Denise Fleming), <Soup Day>(Melissa Iwai), <Bumpety Bump!>(Pat Hutchins) 등

② 동물

dog(개), cat(고양이), pig(돼지), horse(말), cow(소), chicken(닭), duck(오리), bear(곰), rabbit(토끼), fox(여우), wolf(늑대), fish(물고기), octopus(문어), squid(오징어), clam(조개), crab(게), shark(상어), whale(고래) 등

⌐ 산책하며 만나는 강아지, 고양이 등은 실물을 보며 이름을 불러 보고, 쉽게 보기 힘든 동물은 피규어를 가지고 놀면서 해당 단어를 발음해 줍니다.

· **관련 그림책** : <Brown Bear, Brown Bear, What Do You See?>(Eric Carle), <Spot Goes to the Farm>(Eric Hill), <The Pout-Pout Fish>(Deborah Diesen), <I'm the Biggest Thing in the Ocean!>(Kevin Sherry) 등

③ 날씨

sunshine(햇살), sunlight(햇볕), rain(비), umbrella(우산), rain boots(장화), raincoat(비옷), puddle(물웅덩이), snow(눈), snowflake(눈꽃), snowman(눈사람), lightening(번개), thunder(천둥) 등

↰ 비 오는 날은 우산, 장화, 비옷을 입고 물웅덩이에서 첨벙 첨벙 놀면서 umbrella, rain boots, raincoat, mud puddle 같은 단어를 경험하기 좋은 기회입니다. 눈이 올 때도 마찬가지입니다. 천둥 번개가 치는 날에는 아이와 함께 창가에서 하늘을 보 며 lightening, thunder, thunderstorm를 읊어 보 기 좋습니다.

· **관련 그림책** : <Rain!>(Linda Ashman), <The Snowy Day>(Ezra Jack Keats), <Goodnight Little Blue Truck>(Alice Schertle) 등

④ 탈것

car(자동차), bus(버스), truck(트럭), train(기차), taxi(택시), subway(지하철), airplane(비행기), bicycle(자전거), boat(배), dump truck(덤프트럭), fire engine·fire truck(소방차) 등

⌐ 나들이를 갈 때 도로에 보이는 캠핑카, 소방차, 경찰차 등을 보고 영어로 발음해 주거나 집에서 트럭 장난감을 가지고 놀 때 단어를 들려줍니다.

· **관련 그림책** : \<Little Blue Truck>(Alice Schertle), \<Where Do Diggers Sleep at Night?>(Brianna Caplan Sayres), \<City Block>(Christopher Franceschelli) 등

⑤ 기타

pinwheel(바람개비), kite(연), whistle(호루라기), flag(깃발), lantern(등불), flashlight(손전등), binoculars(쌍안경), telescope(망원경), fairy wand(요술봉), cookie jar(쿠키통) 등

⌐ 이 외에도 아이가 생활에서 접하는 다양한 물건의 이름을 영어로 들려줍니다. 저의 경우 바람개비, 깃발, 쌍안경, 망원경, 쿠키통 같은 것은 색종이와 휴지심 등으로 간단하게 만들어 주었고, 연이나 등불, 손전등은 실물을 보여 주며 단어를 발음해 주었습니다.

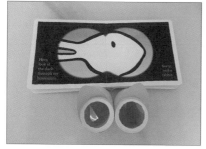

- **관련 그림책** : <Titch>(Pat Hutchins), <Meeow and the Little Chairs>(Sebastien Braun), <Duck! Rabbit!>(Amy Krouse Rosenthal), <Shark In The Park>(Nick Sharratt), <Who Stole the Cookies from the Cookie Jar?>(Jane Manning) 등

행동을 가리키는 말

이 유형의 어휘는 우리가 보통 동사라고 인식하는 단어입니다.

동사는 명사나 형용사 등과 달리 대화의 상황에 따라 여러 시제와 결합되고, 의문형과 부정형 등으로 변형된다는 특징이 있습니다. 그래서 일차적으로는 동사가 의미하는 행동을 아이와 직접 해 보며 기본적인 뜻을 이해하도록 하고, 익숙해진 후에는 의문문과 부정문, 시제 활용, 수동태 활용 등 다양한 활용법을 자연스러운 맥락에서 사용해 봅니다.

활용 유형	실행 방식
기본형 동사	동사가 의미하는 행동을 아이와 같이 해보며 발음 들려주기
시제 변형	대화 상황에 따라 시제를 다양하게 변형해서 들려주기
의문문, 부정문	엄마가 아이에게 질문하거나 인형으로 묻고 답하기를 보여 주기
수동태	능동과 수동을 대립적으로 보여 주는 그림책 활용하기

① 기본형 동사

아이와 함께 음식을 먹고, 물을 마시고, 걷고, 뛰는 동작을 해 보며 eat, drink, walk, run 같은 동사를 들려줍니다. pick, pull 등 목적물이 필요한 동사는 장난감을 활용하여 'pick an apple(사과를 따다)', 'pull up a carrot(당근을 뽑다)' 같은 표현을 들려주면 효과적입니다.

A. 여러 가지 감각

see(보다), watch(보다), look(보다), smell(냄새 맡다), eat(먹다), drink(마시다), hear(듣다), listen(듣다), touch(만지다), feel(만져 보고 느끼다) 등

↱ 의자를 바라보며 "I see a chair.", 물을 마시며 "I drink water.", 아이 뺨을 만지며 "I touch your cheeks."라고 말해 줍니다. 함께 음식을 먹거나 모래놀이를 할 때 "Let's eat this apple!", "Let's feel the sand." 같은 문장을 들려줍니다.

· **관련 그림책 :** <My Five Senses>(Margaret Miller) 등

B. 기본적인 신체 동작

walk(걷다), run(뛰다), tiptoe(살금살금 걷다), jump(점프하다), hop(폴짝폴짝 뛰다), skip(깡충깡충 뛰다), throw(던지다), catch(잡다), sit(앉다), stand(서다), blow(불다), put(놓다), push(밀다), pull(당기다) 등

↱ 아이 손을 잡고 직접 걷거나 뛰며 "Let's walk(run)!"이라고 들려줍니다. 공을 던지거나 잡으며 "We throw a ball.", "We catch a ball."라고 말합니다.

· **관련 그림책 :** <Go, Go, Go!>(Stephen R. Swinburne), <Hands Can>(Cheryl Willis Hudson) 등

C. 신체 관련 표현

yawn(하품하다), sneeze(재채기하다), hiccup(딸꾹질하다), snore(코 골다), burp(트림하다), fart·toot(방귀 뀌다), pee(쉬하다), poop(응가하다), tickle(간지럽히다) 등

ᓬ 아이가 하품할 때 "Yawn~", 재채기를 할 때 "Sneeze"라고 말해 줍니다.

· **관련 그림책** : <Tickle>(Leslie Patricelli), <Toot>(Leslie Patricelli) 등

D. 목욕할 때

wash(씻다), rinse(헹구다), splash(물을 튀기다), float(떠오르다), sink(가라앉다) 등

ᓬ 욕조에서 얼굴을 씻으며 "Let's wash your face(얼굴 씻자).", 머리를 헹구며 "Let me rinse your hair(머리 헹궈 줄게)."라고 들려줍니다. 아이가 아빠에게 물을 튀길 때 "You splash water on daddy(아빠한테 물을 튀기네).", 러버덕이 물 위에 떠오를 때 "Rubber ducky floats!(러버덕이 둥둥 떠오르네!)", 아이 칫솔이 욕조에서 가라앉을 때 "Your toothbrush sinks(우리 아가 칫솔이 가라앉네)."라고 알려 줍니다.

② 시제 변형

아이에게 지금 일어나고 있는 일(현재 진행 시제, 현재 완료 시제)과 이전에 있었던 일(과거형 시제), 미래에 할 일(미래형 시제)에 대해 이야기하면서 의도적으로 다양한 시제의 문장을 사용해 봅니다.

A. 현재 진행형 시제

대화 상황에서 빈번하게 쓰게 되는 시제입니다. 아이가 현재 하고 있는 동작을 묘사하거나, 다른 가족의 행동을 함께 바라보면서 상황을 설명하는 등의 방식으로 현재 진행형 문장을 들려줍니다.

> 예 아이가 바나나를 먹고 있을 때
>
> ↱ You are eating a banana. 우리 아가 지금 바나나 먹고 있네.

> 예 아빠가 창문을 열고 있을 때
>
> ↱ Daddy is opening the window. 아빠가 지금 창문을 열고 있네.

> 예 할머니 할아버지가 소파에 앉아 계실 때
>
> ↱ Grandma and grandpa are sitting on the couch.
>
> 할머니, 할아버지가 소파에 앉아 계시네.

B. 과거형 시제

아이가 전에 했던 행동을 다시 한 번 묘사하면서 들려주거나, 아빠의 직전 행동을 야구 중계하듯 설명해 줍니다.

과거형 중에서도 told, had, kept, slept, took, hung, caught, bought, brought, thought, flew, threw 등 불규칙 과거 동사는 자주 들려주는 것이 좋습니다.

이때 "What did you catch? Oh, you caught a blue fish!(무슨 물고기 잡았어? 아, 파란물고기 잡았네!)"라며 대구를 이루어 들려주면 아이 입장에서 현재형과 과거형(catch-caught)의 관계를 이해하기 쉽습니다.

예 아이가 낚시 놀이에서 파란 물고기를 잡았을 때

⤳ **You caught a blue fish!** 파란 물고기 잡았네!

예 퇴근한 아빠가 겉옷을 벗었을 때

⤳ **Daddy took off his jacket.** 아빠가 겉옷을 벗었네.

예 아이에게 주려고 컵에 우유를 따랐을 때

⤳ **I poured milk into your cup.** 엄마가 아가 컵에 우유를 따랐네.

C. 미래형 시제

아이와 이따가 뭘 할 건지, 내일은 뭘 할 건지 등에 대해 이야기해 보면서 '~를 할 거야(will 또는 be going to)'라는 형태의 문장을 들려줍니다. 그리고 실제로 그 일을 함으로써 아이가 'A라고 이야기한 후에 정말 A를 했네.'라고 인지할 수 있도록 도와줍니다.

예 오후에 대청소하기로 했을 때

⌐→ We are going to clean up the house this afternoon.

오늘 오후에는 집 대청소를 할 거야.

예 주말에 할머니 댁에 가기로 했을 때

⌐→ We're going to visit grandma this weekend.

이번 주말에는 할머니 댁에 갈 거야.

예 아이에게 친구랑 뭐 하고 놀고 싶은지 물어볼 때

⌐→ What will you do / are you going to do with your friend?

친구랑 뭐 할 거야?

be going to와 will

be going to와 will은 동의어로 사용할 때도 많지만 맥락에 따라 뉘앙스 차이가 있습니다. will은 식당에서 "I'll have mac and cheese(나는 맥앤치즈 먹을게)."라고 말할 때처럼 즉흥적으로 뭔가를 하겠다고 말하는 상황에 어울립니다. 반면에 be going to는 "이따가 뭐 할 거야.", "이번 주말에 뭐 할 거야."처럼 이미 예정된 일을 하겠다고 말하는 맥락에 어울립니다(즉흥적으로 무언가를 하겠다고 말할 때는 will도 좋습니다).

D. 현재 완료 시제

현재 완료 시제는 어떤 상황에서 자동적으로 그 문장이 떠오를

만큼 체화되어야 원어민처럼 활용할 수 있습니다. 예를 들어 아이가 장난감을 찾다가 없어서 "엄마, 내 장난감 봤어요?"라고 물을 때 "Have you seen my toy?"가 바로 떠오르도록 자주 접하게 해주는 것입니다. 이때 관련 그림책을 함께 보면 아이가 시제의 의미를 더 직관적으로 이해할 수 있습니다.

예 아이와 산책 나가는 길에, 엄마 모자를 봤냐고 물어볼 때

↪ **Have you seen my hat?** 내 모자 봤니?

· **관련 그림책 : <I Want My Hat Back>**(Jon Klassen)

예 아이가 아빠와 둘이 외출했다가 돌아왔을 때

↪ **Where have you been today?** 오늘 어디 다녀왔어?

· **관련 그림책 : 마더구스 <Pussy Cat Pussy Cat>**

예 어린이집 밖에서 기다리다가 아이를 하원시키면서

↪ **I've been waiting for you.** 엄마가 기다리고 있었어.

예 음식을 많이 먹는 곰에 관한 그림책을 읽을 때

↪ **The bear must've been hungry.** 곰이 배고팠었나 봐.

예 다친 아이를 위로할 때 (더 심하게 안 다친 게 다행이라는 의미)

↪ **It could've been worse.** 이만해서 다행이야.

③ 의문문과 부정문

일상이나 그림책 속에서 일어난 일에 대해 의문문과 부정문 형태로 들려줍니다. 의문형은 다양한 상황에서 말을 거는 방식으로 들려주면 되는데 아이가 눈치껏 의미를 추측하는 경우도 많습니다. 이런 경험이 쌓이면서 아이는 'Do you~' 혹은 'Are you~' 등으로 시작하는 말이 무언가 물어보는 말이라는 것을 깨닫습니다.

질문할 때는 가급적 다양한 시제와 인칭을 활용함으로써 아이가 의문형의 여러 가지 구조에 익숙해지도록 합니다. 질문에 대한 대답은 엄마가 자문자답 형식으로 직접 들려주거나 아이가 역할놀이를 할 때 인형이나 피규어로 묻고 답하기를 하면서 알려 주면 됩니다.

A. 의문문

· '네·아니요'로 대답하는 의문문

예 아이에게 비눗방울을 불고 싶은지 물어볼 때

↱ **Do you want to blow bubbles?** 비눗방울 불래?

예 아이가 빗자루로 바닥을 쓸고 있을 때

↱ **Are you sweeping the floor?** 바닥 쓸고 있어?

예 우유 마시고 싶은지 물어볼 때

⤴ **Would you like some milk?** 우유 마실래?

（예） 아이에게 손 씻었는지 물어볼 때

⤴ **Did you wash your hands?** 손 씻었니?

（예） 그림책 속 주인공이 나무를 올라가고 있는지 물어볼 때

⤴ **Is he climbing up the tree?** 주인공이 나무를 타고 있니?

（예） 그림책에서 왕비가 독사과를 갖고 있는지 물어볼 때

⤴ **Does she have a poisoned apple?** 왕비한테 독사과가 있어?

（예） 그림책에서 강아지가 쿠키를 가져갔냐고 물어볼 때

⤴ **Did he take the cookies from the cookie jar?**

강아지가 쿠키통에서 쿠키를 가져갔어?

아이가 위와 같은 기본 의문형에 익숙해지면 "Don't you want to try this?(이거 해 보지 않을래?)", "Don't you think so?(그런 거 같지 않아?)" 같은 부정 의문문의 형태도 들려줍니다.

（예） 아이가 그린 꽃이 아닌지 물어볼 때

⤴ **Didn't you draw this flower?** 이 꽃 우리 아가가 그린 거 아니야?

（예） 아이에게 물이 마시고 싶지 않은지 물어볼 때

⤴ **Don't you want some water?** 물이 마시고 싶지 않니?

- 의문사(how, what, who, when, where, why, which 등)가 들어간 의문문

예 무슨 놀이를 하고 싶은지 물어볼 때

↪ **What do you want to do now?** 이제 뭐 하고 싶어?

예 간식으로 둘 중 뭘 싶은지 물어볼 때

↪ **Which do you want, milk or juice?** 우유랑 주스 중에 뭐 먹고 싶어?

예 아이가 블록으로 큰 탑을 쌓았을 때

↪ **Wow, how did you do that?** 와, 그거 어떻게 한 거야?

예 장갑을 언제 잃어버렸는지 물어볼 때

↪ **When did you lose your mittens?** 손모아장갑을 언제 잃어버렸어?

예 빨간색 장난감을 고른 이유가 뭔지 물어볼 때

↪ **Why did you pick the red one?** 왜 빨간 걸로 골랐어?

예 쿠키가 사라졌다는 내용의 그림책을 볼 때

↪ **Who took the cookies?** 누가 쿠키를 가져갔지?

예 곰이 잃어버린 모자를 찾았다는 내용의 그림책을 볼 때

↪ **Where did he find his hat?** 곰이 어디서 모자를 찾았지?

예 잃어버린 모자의 주인이 누구인지 물어볼 때

↪ **Whose hat is this?** 이거 누구 모자야?

↪ **Whose is this?** 이거 누구 거야?

B. 간접 의문문

아이에게 질문할 때는 주어와 동사의 순서가 바뀌는 간접 의문문도 의도적으로 자주 사용하는 것이 좋습니다. 간접 의문문은 원어민이 일상에서 굉장히 자주 쓰는 화법임에도 우리나라 사람들은 주어와 동사의 순서가 바뀌는 것을 항상 어려워합니다.

아이에게 비슷한 의미의 질문을 여러 방식으로 물어봄으로써 이런 간접 의문문에 익숙해지도록 합니다. 예를 들어 그림책 속의 어떤 물체가 뭔지 물어볼 때 "What <u>is it</u>?" 외에도 "What do you think <u>it is</u>?", "Do you know(Can you guess) what <u>it is</u>?" 같은 문장으로도 물어보는 식입니다.

예 아이가 토끼 인형을 찾을 때

⇀ **Where is your bunny?** 토끼는 어디 있어?

⇀ **Do you know where your bunny is?** 토끼가 어디 있는지 아니?

⇀ **Where do you think your bunny is?** 토끼가 어디 있는 것 같아?

예 모자가 어디 있는지 같이 찾아볼 때

⇀ **Where can we find your hat?** 모자를 어디서 찾을 수 있을까?

⇀ **Do you know where we can find your hat?**

모자를 어디서 찾을 수 있는지 알겠어?

⇀ **Where do you think we can find your hat?**

모자를 어디서 찾을 수 있을 것 같아?

예 그림책 속 등장인물이 누구인지 물어볼 때

⌁ **Who is he?** 이건 누구야?

⌁ **Do you know who he is?** 이게 누군지 알아?

⌁ **Who do you think he is?** 이게 누구인 것 같아?

예 그림책에서 누가 그랬는지 이야기해 볼 때

⌁ **Who did that?** 누가 그랬어?

⌁ **Do you know who did that?** 누가 그랬는지 알아?

⌁ **Who do you think did that?** 누가 그랬을 것 같아?

예 뭘 하고 싶냐고 물어볼 때

⌁ **What do you want to do?** 뭐 하고 싶어?

⌁ **Can you tell me what you want to do?** 뭘 하고 싶은지 말해 줄래?

C. 부정문

부정문은 아이에게 의문형 문장을 들려주고 난 후 시범을 보이듯이 엄마가 대답을 만들어서 말해 줍니다.

저희 아이는 부정문을 만드는 규칙을 습득할 때 시행착오를 거치면서 차차 not의 위치를 깨달았습니다. 예를 들어 두 돌 무렵, 우리말의 "안 할래."가 익숙해서인지 "I want to not sleep." 처럼 not을 동사 바로 앞에 붙여서 말했던 시기가 있었습니다.

그럴 때 저는 "You don't want to sleep?" 하고 완전한 문장으로 다시 들려주었습니다. 그리고 아이가 역할놀이를 할 때 "Do you want to go to bed now?", "No, I'm not tired. I don't want to sleep."과 같은 대화 상황을 한 번 더 만들어 주었습니다. 아이는 이러한 과정을 거치면서 문법적 규칙을 터득했습니다.

이때 데보라 페티 Dev Petty의 〈I Don't Want to Be a Frog〉, 〈I Don't Want to Go to Sleep〉처럼 부정형 문장이 강조되는 그림책을 함께 보는 것도 도움이 되었습니다.

④ 수동태

몇몇 동사는 그림책을 통해 능동태와 수동태의 개념을 짝지어 보여 줄 수 있습니다. 예를 들어 저희 아이가 좋아했던 〈Max and Bird〉(Ed Vere)에는 새를 쫓는 고양이 맥스 Max와 고양이에게 쫓기는 처지의 새 Bird가 주인공으로 등장합니다. 그래서 이 책을 두 가지 방식으로 읽어 주면서 chase(쫓다)와 be chased by(쫓기다)의 구조를 대립적으로 보여 주었습니다.

A. 관찰자 입장에서 묘사하면서 들려주기

"Max is chasing Bird(맥스가 새를 쫓고 있네). Bird is being chased by Max(새는 맥스한테 쫓기고 있네)."처럼 객관적으로 묘사

하면서 아이가 맥스는 새를 쫓아가고, 새는 맥스에게 쫓긴다는 상황을 이해하도록 했습니다.

B. 역할놀이를 하면서 들려주기

새의 입장에서 "Don't chase me, I don't want to be chased by you(날 쫓아오지 마, 난 쫓기기 싫어)."라며 도망가는 모습을 보여 주었습니다.

상태를 가리키는 말

크고 작음, 높고 낮음, 빠르고 느림 등 흔히 우리가 형용사나 부사로 인식하는 어휘가 이 분류에 속합니다. 이런 어휘는 사물의 비교를 통해서 아이에게 의미를 이해시킬 수 있습니다.

① 크기

small(작은), medium(중간 크기의), big(큰), large(큰), smaller(더 작은), bigger(더 큰), larger(더 큰) 등

⤳ small, medium, big, large는 오렌지와 귤처럼 크기가 서로 다른 사물을 보여 주면서 상대적인 개념을 알려 줍니다.

smaller, bigger, larger 같은 비교급은 풍선에 바람을 불어 넣으면서 크기의 변화를 시각적으로 보여 주면 좋습니다. 풍선에 바람을 불어 넣으면서 "It's getting bigger(점점 커지고 있어)."라는 말을, 커진 풍선에서 바람을 조금씩 빼면서 "It's getting smaller(점점 작아지고 있어)."라는 말을 들려줍니다.

② 높낮이

high(높은), low(낮은), up(위로), down(아래로) 등

⌐ high와 low는 손을 높이 혹은 낮게 들면서 높다, 낮다의 개념을 보여 주고 up, down은 엘리베이터를 탈 때 "We're going up(올라가고 있어).", "We're going down(내려가고 있어)."이라고 설명해 줍니다.

③ 속도

fast(빠른), slow(느린) 등

⌐ 아이 팔이나 등에 엄마가 손가락으로 "엄마 달팽이가 기어 간다!"라면서 천천히 혹은 빨리 움직이는 놀이를 하면 자연스럽게 아이가 의미를 파악할 수 있습니다. 천천히 움직일 때는 "I'm slow(I walk slow).", 빨리 움직일 때는 "I'm fast(I run fast)."라고 설명해 주면 됩니다.

④ 온도

hot(뜨거운, 더운), cold(차가운), lukewarm(미지근한), warm(따뜻한), scorching(엄청 더운), chilly(쌀쌀한), cold(추운), freezing(엄청 추운) 등

⌐ 세수할 때 수도꼭지에서 나오는 차가운 물과 뜨거운 물을 손으로 직접 만져 보면서 hot, cold, lukewarm의 의미를 감각적으로 이해할 수 있도록 유도합니다. 또 계절에 따라 봄에는 warm, 여름에는 hot, scorching, 가을에는 chilly, 겨울에는 cold, freezing의 개념을 피부로 느끼면서 단어를 들을 수 있도록 합니다.

⑤ 양

full(가득 찬), half-full(반쯤 찬), empty(텅 빈) 등

⌐ 유리컵에 물을 가득 따르면서 "It's full of water(물이 가득 차 있네)."이라고 들려주고 물을 비우면서 "It's half-full(반만 차 있네).", 다 비운 후에는 "It's is empty(컵이 비었네)."라고 들려줍니다.

⑥ 감정

happy(기쁜), sad(슬픈), frustrated(답답한, 짜증 나는), angry·mad(화난), upset(속상한, 삐진), scared(무서운), curious(궁금한), jealous(부러

운, 샘나는) 등

⌐ 감정에 관한 다양한 표현은 〈How Do You Feel?〉(Anthony Browne), 〈Lots of Feelings〉(Shelley Rotner), 〈The Way I Feel〉(Cornelia Maude Spelman) 시리즈 같은 책을 보면서 아이와 이야기를 나누면 도움이 됩니다. 특히 'scary-scared', 'frightening-frightened', 'frustrating-frustrated' 처럼 대응되는 단어들은 "Are you scared?(우리 아가 무섭니?)", "Is it scary?(그게 무서워?)"처럼 함께 들려줌으로써 아이가 사용례를 자연스럽게 체화할 수 있도록 합니다.

동사와 마찬가지로 형용사, 부사도 의문문과 부정문을 다양하게 들려주는데, 저희 아이의 경우 부정문은 조나단 앨런 Jonathan Allen의 〈I'm Not Cute!〉 시리즈와 안나 강 Anna Kang의 〈You Are (Not) Small〉 시리즈가 도움이 되었습니다.

사람을 가리키는 말

질문과 답변 형식을 통해 아이에게 우리가 학창 시절에 인칭 대명사라고 배웠던 어휘들의 쓰임새를 알려 줄 수 있습니다.

인칭 대명사

	~은/는/이/가	~의	~을/를	~의 것
나	I	my	me	mine
너, 너희	you	your	you	yours
그	he	his	him	his
그녀	she	her	her	hers
그것	it	its	it	-
우리	we	our	us	ours
그들	they	their	them	theirs

소유격(~의)과 소유대명사(~의 것)는 "이 토끼 인형은 내 거야." 라는 말을 "This is my bunny. This is mine."과 같이 반복적으로 표현해 주면 아이 입장에서 이해하기 쉽습니다.

my(mine)와 your(yours)은 대화에서 "Is it yours?(이거 네 거야?)" "Yes, it's mine, it's my carrot(응, 내 거야, 내 당근이야)." 처럼 짝지어 말함으로써 아이가 대립 관계를 이해하도록 합니다. she, her, hers은 할머니를, he, his, his는 아빠나 할아버지를, they, their, theirs는 할머니 할아버지를 모두 가리킬 때 문장에 넣어 활용하면 좋습니다. ○○'s(○○의, ○○의 것)은 "It's Elmo's cupcake(엘모의 컵케이크야)."처럼 좋아하는 캐릭터를 활용합니다.

위치를 가리키는 말

in, into, out, on, over, under, in front of, behind, between 같은 전치사들은 소품이나 집 안 가구들을 활용하면 아이에게 자연스럽게 위치 개념을 알려 줄 수 있습니다.

① in(안에)

빈 상자 안에 아이가 좋아하는 곰 인형을 두고 "Bear is <u>in</u> the box(곰이 상자 안에 있네)."라고 들려줍니다.

② into(안으로)

컵에 우유를 따르는 모습을 보여 주면서 "I'm pouring milk <u>into</u> your cup(엄마가 아가 컵에 우유를 따르고 있어)."이라고 들려줍니다.

③ out(밖)

창문 밖의 풍경을 보며 "Let's look <u>out</u> the window(창밖을 보자)."라고 들려줍니다.

④ on(위에)

식탁 위에 간식이 있으면 "It's <u>on</u> the table(식탁 위에 있네)."이라고 설명하거나 아이를 소파 위에 앉히고 "You are sitting <u>on</u> the couch(아가가 소파 위에 앉아 있네)."라고 들려줍니다.

⑤ over(넘어서)

작은 사물을 뛰어넘거나 손으로 무언가를 넘어가는 동작을 보여 줍니다. 〈Jack be Nimble〉과 같은 노래를 들을 때 "Jump <u>over</u> the candle stick(촛대를 뛰어넘자)."이라는 가사에 맞추어 장난감 초를 뛰어넘는 놀이를 하면 아이 입장에서 의미를 이해하기가 쉽습니다.

⑥ under(아래에)

식탁 아래에 아이와 함께 들어가서 "We are <u>under</u> the table(우리가 식탁 아래에 있네)."이라고 설명해 줍니다.

⑦ in front of(앞에)

아이가 좋아하는 나무 장난감 앞에 곰 인형을 두고 "Bear is <u>in front of</u> the tree(곰이 나무 앞에 있네)."라고 설명해 줍니다.

⑧ behind(뒤에)

아이가 장난감을 찾고 있을 때 등 뒤에 있다는 맥락에서 "It's behind you(아가 뒤에 있어)."라고 들려줍니다.

⑨ between(사이에)

소파에 엄마, 아이, 아빠 순으로 앉아서 "You are sitting between mommy and daddy(아가가 엄마랑 아빠 사이에 앉아 있네)."라고 들려줍니다.

PART 9

어휘력을 늘리는 법

영어와 우리말 단어 모두 들려주기

아이가 단어를 많이 알게 될수록 내용을 이해하며 즐기는 책이 늘어나고 그 과정에서 더 많은 단어를 습득하는 선순환이 일어납니다. 그러다 임계점을 넘으면 그동안 체득한 문장 구조에 여러 어휘를 대입하며 말문이 터집니다. 앞서 본 실생활 확장 단계 중 3단계 숙련기가 이렇게 어휘력이 폭발적으로 확장하는 시기에 찾아옵니다.

제가 아이와 엄마표 영어를 하면서 어휘를 늘리는 데 도움이 되었던 방식을 소개해 보겠습니다.

저는 집이나 공원 혹은 마트 등에서 아이가 일상적으로 접하는 사물에 가급적 항상 우리말 단어와 영어 단어를 함께 들려주었습니다. 이는 아이가 자신을 둘러싼 세상에 영어와 우리말이 공존한다는 사실을 깨닫도록 도와주는 데 의미가 있습니다.

이때 우리나라 사람들에게 익숙하지 않은 단어는 의도적으로 자주 들려주었습니다. 예를 들어 우리말은 사람 발과 동물 발을 모두 '발'이라고 부르고 코끼리 코도 따로 지칭하는 단어가 없습니다. 하지만 영어에서는 개, 고양이, 곰 등 발톱이 있는 동물의 발은 paw라고 하고 코끼리 코는 trunk라고 합니다. 그리고 사슴뿔은 antlers, 개나 돼지, 곰, 쥐 등의 주둥이는 snout, 곰, 호랑이, 사자 등의 새끼는 cub이라고 합니다. 이런 말은 자주 들어 보지 않으면 쉽게 사용하기 힘들기 때문에 〈Where Bear〉(Sophy Henn), 〈I Broke My Trunk〉(Mo Willems), 〈Imogene's Antlers〉(David Small), 〈Spot Goes to the Farm〉(Eric Hill) 같은 그림책들과 동물 피규어로 익숙해지게 했습니다.

또, 영어에서는 우리말과 달리 계란, 과일 등의 껍질을 종류에 따라 egg shells(계란 껍데기), banana peels(바나나 껍질), orange peels(오렌지 껍질), watermelon rinds(수박 껍질), candy wrappers(사탕 껍질) 등으로 구분합니다. 그래서 저는 아이와 간식을 먹을 때 〈I stink!〉(Kate McMullan) 같은 그림책을 읽으며 자연스럽게 해당 단어를 들려주었습니다.

자연에서 다양한 어휘 접하기

영유아에게는 단어 카드보다 눈앞에서 실물을 직접 보여 주는 것이 단어를 습득하는 데 훨씬 효과적입니다. 그리고 이렇게 아이에게 실물을 보여 줄 수 있는 가장 좋은 곳 중 하나가 자연입니다. 아이는 자연에 있을 때 시각, 청각, 촉각, 후각, 미각을 십분 활용하면서 사물을 접하기 때문에 이때 듣는 영어는 깊이 각인됩니다.

거창하게 큰 바다나 유명한 산이 아니어도 아파트 단지 내 산책로나 뒷산에서 pine tree(소나무), pine cone(솔방울), acorn(도토리), chestnut burr(밤송이), pond(연못), cat tail(부들), tadpole(올챙이) 등 다양한 동식물을 만져 보며 영어 단어를 들려주면 됩니다.

다음 사진은 아이가 다람쥐에게 주고 싶다며 나뭇잎에 빨간 열매를 모은 것입니다. 이럴 때 아이와 함
께 열매의 색깔과 모양은 어떤지, 몇 개
를 모았는지, 왜 모았는지, 열매를 쥐어
짜보면 어떤 촉감과 향을 느낄 수 있는
지 등에 대해서 이야기를 나누었습니
다. 그러면서 아이는 red(빨간), oval(타
원형의), plump(포동포동한), ten(열
개), gather(모으다), squirrel(다람쥐),
squeeze(쥐어짜다), juice(즙), sticky(끈적끈적한), sour(새콤한) 등
의 단어를 생생한 감각과 함께 습득할 수 있었습니다.

날씨에 따른 자연의 변화도 아이에게는 즐거운 경험이자 배움
의 장이 됩니다. 맑은 날에는 모자를 쓰고 산책하며 hat, flower
같은 단어를 읊어 보고, 비가 올 때는 흐린 하늘과 축축한 느낌을
cloudy, wet 등의 단어와 연계할 수 있습니다. 눈 오는 날은 차가
운 눈의 촉감을 통해 ice, cold, melt 같은 단어를 익히기 좋습니
다. 저희 아이는 날씨 좋은 날에는 모자를, 비 오는 날은 비옷과 장
화를, 눈 오는 날은 패딩과 두꺼운 목도리를 갖추고 자연 속을 쏘다
녔습니다. 아이는 온몸으로 영어의 소리와 의미를 느껴볼 수 있었
습니다.

어휘 확장에 유용한 테마 활용하기

텃밭 가꾸기, 요리하기, 청소하기는 여러 가지 도구(명사)를 활용하여 여러 장소에서(전치사), 다양한 동작(동사)을 한다는 점에서 자연스럽게 어휘력을 기를 수 있는 활동입니다. 시간의 흐름에 따른 사건 발생이나 인과 관계 개념도 깨우칠 수 있습니다.

텃밭 가꾸기

땅에 씨를 뿌리고, 물을 주고, 꽃향기를 맡고, 열매를 따는 일련의 활동을 통해 아이는 다양한 사물의 이름과 행동, 색깔·모양·냄새에 대한 어휘를 익힐 수 있습니다. 저희 아이는 텃밭에서 모종삽으로 흙을 파 보고 딸기 열매를 관찰하며 아주 즐거워했습니다. 직접 체험이 힘들 때는 ⟨Let's Grow Vegetables!⟩(Anne-Sophie Baumann) 같은 조작북이나 장난감 등을 통해 간접적으로 경험해 볼 수도 있습니다.

- **사물 :** soil(흙), seed(씨), sprout(새싹), weed(잡초), root(뿌리), stem(줄기), leaf(나뭇잎), flower bud(꽃봉오리), petal(꽃잎), pollen(꽃가루), fruit(열매), shovel(삽), rake(갈퀴), watering can(물뿌리개), wheelbarrow(손수레), earthworm(지렁이) 등
- **동작 :** dig a hole(구멍을 파다), plant a seed(씨를 심다), water the seed(씨앗에 물을 주다), pull out the weeds(잡초를 뽑다), pick an apple(사과를 따다), make compost(퇴비를 만들다) 등

요리하기

요리 역시 여러 식재료와 조리 도구의 이름, 다양한 조리법, 냄새·색깔·맛에 관한 어휘를 접할 수 있는 활동입니다. 제가 요리하는 동안 아이가 옆에서 간단히 거들 때 이런 어휘를 들려주거나 주방 놀이를 할 때 다음과 같은 단어를 활용해 보았습니다.

- **사물 :** bowl(그릇), pot(냄비), frying  pan·skillet(프라이팬), turner(뒤집개), spatula(뒤집개·주걱), ladle(국자), tongs(집게), cutting board(도마), knife(칼), stove(가스레인지·인덕션), cooker(밥솥), fridge(냉장고) 등

- **동작 :** cut(자르다), chop(자르다), peel(껍질을 벗기다), stir(젓다), fry(튀기다), stir-fry(볶다), bake(굽다), whisk(휘젓다), boil(끓이다), steam(찌다), roast(굽다), mix(섞다), mash(으깨다), flip(뒤집다), drain(물기를 빼다), pour(따르다), spread(펴 바르다) 등

- **맛 :** good(맛있는), yummy(맛있는), yucky(맛없는), sweet(달콤한), sour(새콤한), nutty(고소한), bitter(쓴), spicy(매운), juicy(과즙이 많은), soggy·mushy(눅눅한), crunchy(아삭아삭한), crispy(바삭바삭한), tender(부드러운), tough(질긴), chewy(쫄깃한) 등

예를 들어 팬케이크, 피넛버터 젤리 샌드위치, 국물 요리를 아이와 함께 만들면서 위 단어들을 들려주고, 다 만들고 나서 아이가 음식을 먹는 동안에 〈Pancakes, Pancakes!〉(Eric Carle),

⟨Peanut Butter and Jelly Jelly⟩(Nadine Bernard Westcott), ⟨Soup Day⟩(Melissa lwai) 같은 그림책을 읽어 주었습니다.

청소하기

아이가 어릴 때는 청소 자체를 재미있어할 때가 많아 놀이처럼 영어와 접목시키기에 특히 좋은 활동입니다. 빗자루와 쓰레받기 등 각종 청소 도구의 이름을 불러 보고 쓸기, 닦기, 먼지 털기 등 다양한 동작 동사와 함께 식탁 아래, 소파 위 등 전치사를 익힐 수 있습니다.

- **사물** : vacuum(청소기), mop(대걸레), broom(빗자루), brush(솔), dust pan(쓰레받기), duster(먼지떨이), squeegee(스퀴지) 등
- **동작** : mop the floor(바닥을 대걸레질하다), sweep the floor(바닥을 쓸다), vacuum the floor(청소기를 돌리다), dust the couch(소파의 먼지를 털다), squeegee the window(창문을 스퀴지로 닦다), wipe down the kitchen table(식탁을 행주로 닦다) 등

전략적인 그림책 활용

단계별로 그림책 읽어 주기

아이에게 책을 읽어 줄 때 처음 접하는 단어는 그림을 짚어 가며 그 단어의 소리를 들려주는 것이 효과적입니다. 다만 모르는 단어가 많을 경우 모든 단어를 이렇게 읽으면 아이의 몰입에 방해가 되므로 한 페이지당 한두 개 정도로 조절하되 다음번에 읽어 줄 때는 처음에 짚지 않았던 단어를 짚으며 읽어 주면 됩니다.

어려운 단어는 원문을 그대로 한 번 읽어 준 다음, 아이가 알고 있는 단어로 바꿔서 다시 읽어 주거나 "○○ means □□."라며 직접적으로 뜻을 알려 주어도 좋습니다. 그리고 그렇게 접한 새로운 단어는 일상생활에서 사용해 봅니다.

예를 들어 〈The Feelings Book〉(Todd Parr)을 읽으면서 저희 아

이가 yell(소리 지르다)이라는 단어를 처음 접했던 적이 있었습니다. 이때 아이가 기존에 알고 있던 단어인 shout를 활용해서 "To yell means to shout."이라고 한 번 설명해 주었습니다. 그리고 나중에 아이가 소리를 지를 때 "No yelling!(소리 지르면 안 돼!)"라는 문장을 통해 아이가 yell이 소리 지르는 행위를 뜻하는 것임을 이해하도록 했습니다.

점차 글밥이 많은 책을 읽게 되면 그림만으로 글의 내용을 모두 추론하기 어려울 때가 있습니다. 이렇게 문장이 많은 책을 처음 읽어 줄 때는 He, She, They, It 같은 지시어를 해당 단어가 의미하는 명사로 풀어서 읽어 주다가, 다음번에 읽을 때부터 원래 문장대로 읽어 주는 것도 좋은 전략입니다.

어휘 감각을 길러 주는 그림책 활용하기

영어의 단어 파생 원리 중 명사에 y 접미사가 붙어 형용사가 되는 경우가 있습니다. buttery(버터 맛이 나는), nutty(고소한), watery(물기가 많은), dusty(먼지투성이의), rusty(녹이 슨), hairy(털이 많은), leathery(가죽 같은), muddy(진흙투성이의), rocky(바위투성이의)처럼 특정 물질을 의미하는 명사 뒤에 y가 붙어 그 명사의 속성이 강하다는 의미의 형용사가 되는 식입니다. 이런 단어의 형성 원리를 자연스럽게 깨칠 수 있는 그림책을 활용하면 아이의 언어 감각을 기르는 데 도움이 됩니다.

예를 들어 장 레이디 Jean Reidy의 〈Too Purpley!〉, 〈Too Pincessy!〉, 〈Too pickley!〉는 너무 보라색이라서, 너무 공주풍이라서, 피클이 너무 많아서 싫다는 내용의 그림책입니다. "too ○○y"의 짧은 표현과 각 페이지의 그림이 대응되기 때문에 아이 입장에서는 too ○○y의 의미를 직관적으로 알 수 있습니다.

한편, asleep(잠든)과 awake(깨어 있는)는 동사 sleep과 wake에 접두사 a가 붙어 형용사가 된 단어입니다. 이를 재미있게 보여 주는 그림책으로 〈Are you awake?〉(Sophie Blackall)가 있습니다. 졸린 엄마를 붙잡고 "Are you awake?(엄마 안 자요?)", "Why are you asleep?(왜 잠들었어요?)"라며 폭풍 질문을 쏟아 내는 주인공을 통해 언어 감각을 길러 주기에 좋은 책이기도 합니다.

언어학적 특징을 통해 어휘력 길러 주기
··

어휘력이 풍부하다는 것은 단순히 단어를 많이 아는 것이 아니라 한 단어를 다양하게 사용할 줄 안다는 의미이기도 합니다. 이때 우리말과 영어의 언어학적 차이를 잘 활용하면 일상에서 자연스럽게 아이의 언어 감각을 길러 줄 수 있습니다.

언어학적 차이라는 것은 각 언어마다 문장을 만드는 방식이 다르다는 의미입니다. 예를 들어 "(꽃에) 물을 주다"라는 말을 할 때 우리말은 '물'이라는 명사에 '주다'라는 동사를 붙여서 하나의 문장을 만듭니다. 반면에 영어는 "Water the flower."처럼 water라는 단어가 '물'이라는 명사도 되고 '물을 주다'라는 동사가 되기도 합니다. 아이들에게 친숙한 소재인 '빗'도 마찬가지입니다. "빗질을 하다" 같은 우리말과 달리 영어는 brush라는 단어가 명사도 되고 동사("Brush your hair.")도 됩니다.

비슷한 예로 영어에서는 동사 앞에 give나 make, take 등이 붙어 명사가 된 문장이 빈번하게 쓰입니다. "Kiss me."의 의미로 자주 쓰이는 "Give me a kiss."가 대표적입니다. make a wish(소원을 빌다), take a bite(한입 먹어 보다), take a walk(산책하다) 등도 그렇습니다.

이런 활용법이 녹아 있는 그림책에 재미를 붙여 주면 크게 힘들이지 않고 아이의 영어 감각을 깨울 수 있습니다. 일상에서도 아이에게 안아 달라고 할 때 "Hug me."와 "Give me a hug."를 모두 들려주는 식으로 활용할 수 있습니다.

PART 10

음원으로 영어의
소리 감각 기르기

음원을 듣는 목적, '영어의 리듬감'

영어는 왜 어려울까

흔히 우리나라 사람들이 학교에서 영어를 그렇게 오래 배우고도 회화가 안 되는 이유를 문법 중심으로 공부했기 때문이라고 합니다. 하지만 제 생각에 가장 근본적인 이유는 우리말과 영어가 성격이 너무나도 다른 언어라는 데 있습니다. 구체적으로 영어의 소리 체계와 문장 구조*가 우리말과 많이 다르기 때문입니다. 여기서 영어의 소리 체계가 우리말과 다르다는 의미는 ①발음이 우리말과 다르고, ②문장의 리듬감 유무가 다르다는 것입니다. 이번 장에서는 리듬감이라는 것에 대하여 알아보겠습니다.

---

* PART 7의 '적응기' 단계에서 아이가 다양한 문장 구조에 익숙해지도록 도와주는 것도 이런 이유에서입니다.

영어의 리듬감

우리는 중국어에 성조가 있다는 것을 상식처럼 알고 있습니다. 그런데 영어는 혀를 굴린다는 이미지가 너무 강해서인지 말소리에 높낮이, 즉 리듬감이 있다는 사실은 간과하는 경우가 많습니다.

발음이 조금 뭉개지더라도 리듬감이 잘 살아 있으면 의미 전달이 되지만, 리듬감 없이 단조롭게 소리 내면 원어민들은 우리의 영어를 잘 알아듣지 못합니다. 이것이 우리나라 사람들끼리 영어를 할 때 더 알아듣기 쉬운 이유 중 하나이기도 합니다.

가가 가가?

재미있게도 경상도 사투리에는 영어처럼 문장의 리듬감이 의미 전달에 중요한 역할을 하는 경우가 있습니다. "가가 가가?", "가가 가가가?", "가가가 가가."처럼 겉으로 보기에는 그저 '가'로만 이루어진 이 문장들은 리듬을 살려서 말하지 않으면 의미 파악이 어렵습니다. 영어도 마찬가지입니다. 원어민들 사이에서 통용되는 자연스러운 리듬을 실어 말해야 내가 말하고자 하는 바가 제대로 전달됩니다.

영어의 리듬감은 크게 단어의 강세 word stress 와 문장 안에서의 억양 intonation 으로 구성됩니다. 이런 현상이 생기는 근본적인 원인은 앞서 말씀드린 것처럼 영어와 우리말의 성격이 근본적으로 다르다는 데 있습니다. 우리말은 한 글자 한 글자를 또박또박 같은 속도로 읽는 언어이지만 Syllable-timed Language 영어는 의미적으로 중요한 음절만 강조해서 소리 내는 언어이기 때문에 Stress-timed language 단어의 강약과 문장의 높낮이가 생기는 것입니다. 그래서 영어의 자연스러운 리듬감을 아이가 충분히 체화할 수 있도록 음원을 적절하게 활용할 필요가 있습니다.

이 과정에서 제가 고려했던 것은 다음 두 가지 포인트였습니다.

① 노래 외에도 일상의 언어를 충분히 들려주기

'PART 3'에서 살펴본 대로, 영어를 접하는 아이들에게 노래는 필수 요소입니다. 다만 노래는 멜로디에 가사를 입힌 것이기에 필연적으로 문장의 리듬감을 일부 상실하게 된다는 단점이 있습니다. 그래서 아이에게 노래'만' 들려주는 것으로는 부족하고, 엄마의 음성 혹은 음원을 통해 자연스러운 대화체의 리듬감을 충분히 들려주어야 합니다.

제가 활용했던 것은 유튜브에 올라온 각종 'read aloud' 영상과 자연스러운 대화체가 등장하는 어린이 채널 영상이었습니다.

② 문자 교육은 소리를 충분히 듣고 나서

제가 엄마표 영어를 하면서 가장 신경 썼던 부분은 아이에게 영어의 소리를 있는 그대로, 덩어리째 충분히 들려주는 것이었습니다. 그래서 아이가 장난감에 적힌 알파벳이 뭐냐며 저에게 먼저 물어보지 않는 이상 제가 먼저 나서서 문자를 알려 주지는 않았습니다.

소리를 덩어리째 들려주는 것과 알파벳 교육이 어떤 관련이 있는지 의아하실 수 있습니다. 저를 포함하여 대부분의 부모 세대는 알파벳을 먼저 배우고 덩어리 소리(단어, 문장, 대화)를 들으며 공부했습니다. 그러다 보니 아이에게도 알파벳부터 가르치려고 합니다.

그런데 아이가 알파벳을 깨치면 그림책을 보면서도 문자에 주의를 기울이게 되고 소리에 대한 집중도가 떨어집니다. 성인인 우리가 유튜브를 볼 때도 자막을 보느라 소리에는 잘 귀 기울이지 않는다는 것을 생각해 보면 당연한 이치입니다.

특히 영어 단어는 우리말과 달리 알파벳 그대로 소리가 나지 않기 때문에 글자에 눈이 가느라 소리에 소홀해지면 맥락 속에서 덩어리 소리를 충분히 들을 기회를 잃게 됩니다. 그래서 저는 아이가 영어의 소리를 날것 그대로 충분히 들은 후에 알파벳을 익힐 수 있도록 문자 교육은 서두르지 않았습니다.

음원의 종류와 장단점

우리나라에서 접할 수 있는 영어 음원의 종류는 ①출판사에서 책과 함께 판매하는 CD, ②유튜브 read aloud 동영상 음원, ③유튜브 각종 어린이 채널의 동영상 음원이 있습니다.

유튜브 동영상 음원은 유튜브 프리미엄 서비스나 음원 추출 어플을 통해 아이에게 소리만 들려주었습니다.

출판사 제공 CD

출판사 CD는 전문 원어민 성우가 읽어 주거나 노래하는 것이라서 발음이 깨끗하고 음질이 좋습니다. 그림책을 사면 딸려 오는 것이므로 엄마가 따로 구할 필요가 없다는 것도 장점입니다.

다만 간혹 성우가 너무 경직된 어투를 쓰거나 발음이 지나치게 깔끔한 나머지 현실감이 부족한 경우가 있습니다. 우리가 일상에서 아나운서 말투를 쓰지 않는 것을 생각하면 이해하기 쉽습니다.

그렇다고 해서 출판사 CD가 좋지 않다는 의미는 전혀 아니니, 선호도에 따라 출판사 CD와 유튜브 read aloud를 같이 들어도 됩니다.

유튜브 read aloud

유튜브에서 '책 제목 + read aloud'로 검색하면 많은 동영상이 뜹니다. 영어권 원어민이 그림책을 읽어 주는 영상들인데 전문 성우가 아닌 일반인이다 보니 자연스러운 회화투가 녹아 있습니다. CD 없이 출판되는 책도 read aloud를 쉽게 구할 수 있다는 것이 장점입니다.

다만 전 세계 수많은 나라에서 업로드되는 것이라 엄마가 그중에서 적절한 악센트와 발음의 영상을 골라야 한다는 번거로움이 있습니다(악센트 자체가 나쁜 것이 아니라, 아직 영어의 체계가 완성되지 않은 상태에서 하루에 극히 적은 시간만 영어를 듣는 아이에게 일관된 영어를 들려주고자 중립적인 악센트를 찾는 것입니다).

유튜브 어린이 채널

유튜브에는 다양한 어린이 채널이 있습니다. 저는 소리만 들려주기에 영상미는 고려하지 않고 콘텐츠와 영어 수준 등을 보고 골랐는데, 제가 유용하게 활용했던 것들은 다음과 같습니다.

채널명	제작 국가	제작자	채널 [QR]
Songs for Littles	미국	(개인) Ms. Rachel 외	
Mother Goose Club	미국	(기업) Sockeye Media	
Super Simple Play	캐나다	(기업) Skyship Entertainment	
Little Baby Bum	영국 (미국)	(기업) Moonbug Entertainment	
CoComelon			
Blippi			

이런 채널들은 어린이를 대상으로 하고 있어 영어 악센트나 발음이 깨끗하고 다양한 주제의 노래와 일상 대화를 다루고 있습니다. read aloud와 마찬가지로 엄마가 음원을 하나하나 직접 골라야한다는 단점이 있지만 마음에 드는 채널을 정리해 놓으면 그 안에서 고르면 되기 때문에 상대적으로 수월한 편입니다.

① Songs for Littles

전문 콘텐츠 기업이 운영하는 다른 채널과 달리 음악 교육을 전공한 레이첼Ms. Rachel 선생님 부부가 제작하는 채널입니다. 레이첼 선생님과 허비Herbie라는 인형 캐릭터를 중심으로 대화체와 노래 등을 다룹니다.

기업형 채널이 아닌 만큼 상대적으로 영상의 화려함은 떨어지지만 음악 교육, 특히 언어 지연 치료에 전문성이 있는 레이첼 선생님이 영유아의 발화를 이끌어 내는 적절한 언어적 자극을 준다는 장점이 있습니다.

동물, 색깔, 음식 등 어린 아기들이 좋아할 만한 주제의 이야기를 천천히 또박 또박 들려주면서도 적절한 타이밍에 대답을 유도하는 질문을 던지기 때문에 듣다 보면 저절로 집중하게 됩니다. 레이첼 선생님과 허비 간의 대화를 통해서는 자연스러운 묻고 답하기 형태의 영어를 접할 수 있습니다.

② Mother Goose Club

마더구스에서 이름을 따온 여섯 명의 캐릭터가 노래와 일상의 대화를 들려주는 채널입니다. 전통적인 마더구스 외에도 계절이나 날씨, 목욕하기, 놀이터에서 놀기 등 일상생활을 소재로 한 노래가 많아 평소에 유사한 상황에서 연계해서 들려주기 좋습니다. 밸런타인데이, 핼러윈, 크리스마스 같은 기념일에 대한 노래도 다양해서 활용도가 높습니다.

아이들은 또래 아이들의 목소리에 더 주의를 기울이는 경향이 있는데, 이 채널의 캐릭터들이 어린이(청소년)라는 점도 장점입니다. 제작사인 사카이 미디어 Sockeye Media의 설립자가 한국계 미국인 해리 조 Harry Jho, 소나 조 Sona Jho 부부라는 점도 흥미롭습니다.

③ Super Simple Play

캐나다 토론토를 기반으로 하는 콘텐츠 기업 스카이십 엔터테인먼트 Skyship Entertainment에서 제작하는 채널입니다. 자매 채널로는 유명한 'Super Simple Song'이 있습니다. 노래 영상 위주인 'Super Simple Song'과 달리 'Super Simple Play' 채널은 케이티 Caitie 선생님과 토비 Tobee라는 인형 캐릭터가 등장해 다양한 노래와 대화 음성을 들려줍니다. 'Mother Goose Club' 채널과 마찬가지로 마더구스뿐만 아니라 현대적 동요도 많이 들을 수 있습니다. 노래의 경우 배경음이나 효과음이 최소화되어 영어 그 자체에 집중하기 좋고, 채널명대로 가사가 아주 단순해서 따라 부르기 쉽다는 것이 이 채널의 독보적인 장점입니다. 소방서, 치과, 아쿠아리움 등 여러 장소에 현장학습 field trip을 가는 에피소드가 있어 현장감 있는 대화체를 듣기에 좋습니다.

④ Little Baby Bum, CoComelon, Blippi

미국 LA에 지사를 둔 영국 콘텐츠 기업 문벅 엔터테인먼트 Moonbug Entertainment가 제작하는 채널들입니다. 그중 'Little Baby Bum'과 'CoComelon*'은 노래 위주의 영상으로 다양한 마더구스 및 동요를 들을 수 있습니다.

'Blippi'는 노래보다는 동명의 주인공이 등장하여 공룡박물관, 아쿠아리움, 수영장 등을 방문하는 내용 위주입니다. 영상이 현란한 편이라 영유아가 직접 접하는 것은 추천하지 않지만 소방서나 공사장 등 아이들이 좋아하는 장소를 찾아가는 에피소드가 많아서 엄마가 관련 어휘를 익히기에는 괜찮습니다. 저는 아이가 한창 중장비를 좋아할 무렵에 몇몇 영상을 제가 보면서 중장비 명칭을 익히는 데 도움을 받았습니다.

---

*　사실 CoComelon은 화려한 효과음과 현란한 화면 등 시각적 자극이 주된 영상이라 듣기 용도로 아주 적합하지는 않습니다. 다만 다른 마더구스 채널에 없는 주제의 노래(예: 재활용, 퇴비 만들기 등)를 들려줄 때 활용하기 좋습니다.

음원의 전략적 활용

바쁜 엄마 입장에서 가장 효과를 볼 수 있는 음원 활용 전략은 ①노래 + ②영어 그림책 낭독read aloud + ③일상의 대화체 음원을 다양하게 조합하는 것입니다.

간단히 설명하면,

① 노래를 통해 영어의 소리에 친숙해지면서 흥미를 유지하고,

② 엄마와 함께 읽었던 영어 그림책의 read aloud를 다시 들으며 기억을 떠올려봅니다.

③ 좋아하는 우리말 그림책의 원서 read aloud를 들으면서 '어디서 들어본 것 같은데'라는 느낌으로 영어 의미에 대한 추론을 해 봅니다.

④ 일상의 대화체를 통해서는 생활 회화의 현장감과 리듬감에 익숙해지도록 합니다.

각 종류별 비중을 엄격하게 정할 필요는 없고 그때그때 아이의 관심사에 따라 들려주되, 노래(①)에 비해 대화체(②, ③, ④)의 비중이 너무 적지 않은 것이 좋습니다.

②, ③, ④는 일종의 흘려듣기인 셈인데, 개인적으로 저는 아이에게 들은 내용을 이해했는지 물어보지는 않습니다. 대신에 아이가 들은 내용에 대해 먼저 이야기를 시작하면 거기에는 잘 호응해 주었습니다.

막연하게 느끼는 분들을 위해 저의 경험담을 좀 더 자세히 말씀드리도록 하겠습니다.

유형	상세 내용	음원 구하는 곳
노래	마더구스, 동요	유튜브 채널 (Songs for Little, Mother Goose Club, Super Simple Play 등)
그림책 낭독 (read aloud)	아이에게 읽어주었던 영어 그림책의 read aloud	유튜브에서 '책제목+read aloud'로 검색
	아이가 좋아하는 우리말 그림책의 원서 read aloud	
일상의 대화체	노래 앞뒤로 나오는 대화체, 필드 트립 대화체 등	유튜브 채널 (Songs for Little, Mother Goose Club, Super Simple Play 등)

노래

초기에는 'Songs for Littles'를 자주 들었고 차차 'Mother Goose Club'과 'Super Simple Play'의 노래를 많이 들었습니다. 밸런타인데이, 부활절, 핼러윈, 추수감사절, 크리스마스 등 기념일 시즌에는 해당 주제를 다루는 노래들을 꼭 챙겨 들었습니다.

'Mother Goose Club'과 'Super Simple Play'는 노래 중간중간에 자연스러운 일상 대화를 들을 수 있어 좋았습니다. 이 두 채널에 없는 주제 중 아이에게 들려주고 싶은 것은 'Little Baby Bum', 'CoComelon' 등을 활용했습니다.

엄마와 읽은 영어책의 read aloud

평소에 제가 읽어 준 영어 그림책 중 아이의 반응이 좋았던 것 위주로 read aloud 음원을 틀어 주었습니다. 이런 음원은 아이가 내용을 어느 정도 알고 있는 상태에서 영어의 소리에 충분히 집중할 수 있다는 장점이 있습니다. 사실 아동용 동영상은 소리 없이 그림만 봐도 내용이 대충 이해가 되기 때문에 아이들 중에는 더러 귀는 닫고 눈으로만 영상을 보는 경우도 있습니다(소음이 심한 곳에서도 유튜브 화면에 눈을 못 떼는 아이들을 종종 보신 적이 있을 것입니다).
반면 귀로 듣는 음원은 영어의 소리 그 자체에 집중할 수 있어서
집에서나 차로 이동할 때 틈틈이 틀어 주면 아이의 영어 감각을 기
르는 데 도움이 됩니다.

좋아하는 우리말 그림책의 원서 read aloud

우리말 그림책 중에는 외국 원서의 번역물이 많습니다. 그런 책
을 읽다 보면 내용이 마음에 들어서 원문으로 읽고 싶은 것이 생깁
니다. 번역본 그림책은 보통 표지 안쪽에 원작의 제목과 작가 소개
가 간략하게 나와 있는데 평소에 그런 정보를 눈여겨보다가 영미
권 작가의 책은 유튜브에서 '원제 + read aloud'로 검색하여 아이
에게 들려주었습니다. 그러면 아이는 어디서 들어본 이야기 같다
는 느낌을 받으면서 스피커에서 흘러나오는 영어와 자기가 이미 알
고 있는 줄거리 내용을 종합하여 의미를 추론하게 됩니다. 그렇게
몇 번 들은 후에는 제가 해당 영어책을 읽어 주어서 아이가 추론한
내용이 맞는지 스스로 확인해 볼 수 있도록 했습니다.

실생활 대화

실생활 대화를 다시 난이도별로 구분해 보면 아이의 현재 수준에 비추어 ①힘들이지 않고 이해할 수 있는 쉬운 대화, ②간간이 모르는 단어가 있어 추론이 필요한 약간 난이도 있는 대화 ③반 이상 알아듣지 못 하는 어른들 간의 완전 실생활 대화로 나눠 볼 수 있습니다.

① 쉬운 대화

'Songs for Littles', 'Mother Goose Club', 'Super Simple Play'의 노래 중간중간에 나오는 대화체가 속도나 문장 길이, 어휘 면에서 쉬운 편입니다. 아동용 채널에서는 쉬운 영어를 천천히 또박또박 들려주는 데다가 노래와 관련된 맥락에서 이야기를 하기 때문에 아이 입장에서 상대적으로 알아듣기 수월합니다.

② 약간 난이도가 있는 대화

'Super Simple Play'의 필드 트립 에피소드(예 : 〈A visit to the Dentist〉, 〈Let's make a pizza〉, 〈Let's Visit the Fire Station〉 등)에서는 케이티 선생님이 병원, 피자 가게, 소방서 등을 찾아가 인터뷰를 하곤 합니다. 어른들 간의 대화이기는 하지만 어디까지나

아동용 채널의 진행자가 비교적 쉬운 영어로 대화하기 때문에 아이 입장에서는 100% 실제 상황보다는 덜 어렵게 느껴집니다.

③ 현실적인 실생활 대화

우리가 일상에서 쓰는 대화를 잘 들어 보면 '음', '어', '아니', '그러니까', '그게' 같은 추임새를 많이 사용하는 것을 알 수 있습니다. 영어에서도 이런 역할을 하는 필러 워즈filler words라는 것이 있는데 'uh, hmm, well, like, kind of, sort of, you know'가 대표적입니다. 필러 워즈는 너무 많이 쓰면 산만하게 들려 역효과가 나지만 적절하게 사용하면 영어가 원어민처럼 자연스러워집니다. 그런데 교육용 음원에는 이런 필러 워즈가 거의 없습니다.

그래서 유튜브에서 성인들의 자연스러운 대화 영상을 몇 가지 골라서 간간이 들려주었습니다. 다만 아이의 영어가 아직 초기 단계일 때 이런 영상을 지나치게 많이 들으면 소음으로 인식하고 지나갈 수도 있어서 주말에 생각날 때마다 한 번씩 5분에서 10분 정도만 틀어 주었습니다. 실생활 대화는 아이의 영어 수준이 높아짐에 따라 차차 비중을 조금씩 늘리면 됩니다.

음원을 들려주는 방법

준비물

음원을 들을 때는 휴대전화로 바로 들려주기보다는 별도로 스피커를 마련하는 것이 좋습니다. 스피커가 필요한 이유는 음질 때문인데, 수많은 연구 결과가 증명하듯 언어 습득을 위해서는 기계음보다 사람의 음성을 직접 듣는 것이 훨씬 효과적입니다.

그리고 대체로 블루투스 스피커 음질이 휴대전화 내장 스피커보다 훨씬 좋기 때문에 좀 더 사람의 음성에 가까운 음질로 들을 수 있습니다. 제 경험상 아이의 주된 생활 반경에 스피커를 두고 매일 음원을 들려주면 영어를 생활의 일부로 자연스럽게 녹일 수 있었습니다.

공간적 분리

아이에게 영어 음원을 들려주려고 할 때 "이거 말고 핑크퐁 노래 틀어 주세요!"라면서 우리말 노래를 찾는 경우도 있습니다. 그럴 때 추천하는 방식은 우리말 음원과 영어 음원을 공간적으로 분리하는 것입니다.

즉, 집에서는 항상 영어 음원을 듣고 할머니 댁이나 (어린이집 하원길인) 할아버지 차 안에서는 우리말 노래를 듣는 것입니다.

저희 아이도 간혹 우리말 노래를 틀어 달라고 할 때가 있었는데 그럴 때마다 능청스럽게 "엄마는 그 노래를 틀 줄 몰라서, 주말에 할머니 댁에 가면 거기서 듣자."라고 말했습니다. 이런 경험이 반복되자 아이도 적응했는지 어느 순간부터는 저에게 우리말 음원을 요구하지 않았습니다.

매일 꾸준히 들려주기

하루에 30분 시간 내기도 힘든 엄마 입장에서 나를 대신할 수 있는 음원은 구세주와도 같습니다. 이때 명심할 점은 조금씩이라도 매일 꾸준히 들어야 한다는 점입니다.

아이가 밥을 먹거나 블록놀이를 할 때, 차를 타고 어린이집 등하원을 할 때 등 매일 10분 이상은 반드시 들려준다는 생각으로 꾸준히 틀어 주다 보면 안 듣는 것 같아도 어느 순간 노래를 따라 하기도 하고 음원 속 내용에 대해서 재잘재잘 이야기하기도 합니다.

생활 속 체험과 연계하여 듣기

음원을 들을 때 가능하면 그림책 및 생활 속 체험과 연계해서 듣는 것이 좋습니다. 이 부분 역시 저희 가정의 사례를 예시로 설명드리겠습니다(바쁜 엄마 입장에서 항상 이렇게 하기는 힘든데, 주말만이라도 이렇게 들려주면 됩니다).

저희 아이가 좋아했던 〈The Sun is My Favorite Star〉(Frank Asch)라는 책에는 비가 와서 해님이 사라졌다가 다시 무지개와 함께 돌아온다는 내용이 있습니다. 그래서 이 책의 read aloud 외에도 〈Rain Rain Go Away〉, 〈Mr. Golden Sun〉, 〈Rainbow〉 같은 노래를 듣고, 대화체가 나오는 〈Let's Go To The Beach〉 같은 음원을 들었습니다. 그리고 비가 오는 날 비옷을 입고 밖에서 산책을 하면서 책과 음원에서 접했던 표현들을 직접 경험해 보았습니다.

〈Bugs! Bugs! Bugs!〉(Bob Barner)라는 책을 읽고 나서는 집 안팎에서 개미, 무당벌레, 벌, 잠자리, 거미 등을 관찰하고 〈The Ants Go Marching〉, 〈Here Is The Beehive〉 같은 노래와 'Super Simple Play'의 〈Explore Amazing Bugs From Around The World〉, 〈Visit An Urban Beehive&Make Honey〉 같은 대화체 음원을 들었습니다.

아이가 처음 피자를 먹어 본 날에는 〈Pizza〉(Frank Asch)를 읽고 〈Let's Make a Pizza〉, 〈Pizza Party〉와 같은 노래를 들었습니다. 그리고 'Super Simple Play'의 〈Field Trip : Let's Make A Pizza〉, 〈Let's Play Caitie's Pizza〉를 들었습니다.

이렇게 그림책과 노래, 대화체 음원을 생활 속 경험과 이어지는 하나의 맥락에서 같이 들으면 낯선 단어에 대한 추론력도 높아지고 기억도 오래갑니다.

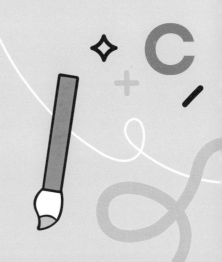

PART 11

우리나라에서
이중 언어 환경 만들기

한국 가정의 이중 언어 환경 특징

엄마표 영어를 하는 가정 중 일부는 이중 언어, 즉 아이가 일상에서 우리말과 영어를 모두 사용하는 단계를 지향합니다. 그런데 사실 우리나라에서 이중 언어 환경을 조성하는 것은 근본적인 한계가 있습니다. [1]엄마와 아빠가 서로 다른 모국어를 사용하거나 [2]이민으로 가족 내 언어와 사회의 공용어가 달라진 전형적인 이중 언어 환경과 달리, 부모의 모국어도 한국어이고 사회의 언어도 한국어이기 때문입니다. 아이는 가정에서도 사회에서도 영어를 모국어로 접할 기회가 없습니다.

반면 영어가 우리 사회에서 갖는 특징은 이러한 불완전한 이중 언어 환경에서 아이의 영어 습득을 강화하는 역할을 합니다.

이해를 돕기 위해 아프리카에서 널리 쓰이는 스와힐리어와 한국어를 동시에 사용하는 한국 가정을 예로 들어 보겠습니다.

우리나라와 아프리카 국가 간에는 문화 교류가 많지 않고 몇몇 대학과 대사관 등에서만 스와힐리어 강좌를 열고 있기 때문에 아이가 가정 밖에서 스와힐리어를 접할 기회는 거의 없습니다. 게다가 사회적으로 스와힐리어 능통자에 대한 선호가 상대적으로 낮은 현실을 감안하면 아이에게 스와힐리어를 배우고 싶은 마음이 들게 할 외부적 동기 부여도 적습니다.

그러나 영어는 영상, 책, 게임 등 흥미로운 콘텐츠가 풍부해서 아이는 가정을 벗어나서도 영어를 접할 기회가 많습니다. 또, 우리 사회에서는 영어를 잘한다는 것이 주는 영향력이 큰데, 이는 아이에게 영어 습득에 대한 강한 동기를 유발합니다. 그래서 영어 콘텐츠에 재미를 느끼는 아이들이나 "우와, 너 영어 되게 잘한다." 같은 칭찬에 크게 고무되는 기질의 아이들에게는 이런 점들이 영어 습득에 긍정적인 영향을 줍니다.

이처럼 모국어로서 영어를 접하기 힘들다는 부정적 요소와 풍부한 사회적 영어 자극이라는 긍정적 요소가 동시에 작용하는 우리나라 환경에서는 긍정적 요소, 특히 영어 그림책 같은 양질의 콘텐츠를 통한 언어 자극을 극대화하는 것이 효과적입니다.

어떻게 이중 언어 환경을 만들까?

엄마는 영어로만?

아이가 두 가지 언어를 균형적으로 습득할 수 있는 방법으로 그간 널리 지지를 받아 온 것은 아빠와 엄마가 각자 언어를 하나씩 사용하는 방식 one person, one language approach입니다. 그리고 차선책으로는 특정 장소 혹은 특정 시간에만 다른 언어를 쓰는 방식 Time and Place이 있습니다. 저는 이 두 가지 모두 저희 가정에서는 적용이 힘들다고 판단했습니다.

우선 제가 영어 모국어 화자가 아니기 때문에 모든 대화를 영어로만 할 수 없었습니다. 설령 가능하다 하더라도 아이와 우리말로 교감하는 것이 이중 언어 구사보다 더 중요하다고 생각했기 때문에 그렇게 하고 싶지도 않았습니다. 아이와 우리말로 잘 이야기하다가 갑자기 주방에만 가면 영어를 쓴다든지 밤 아홉 시만 되면 영어를 쓴다든지 하는 것도 부자연스럽게 느껴졌습니다.

제가 사용한 방식은 저와 아이의 공통의 관심사를 매개로 한 영어 사용이었습니다. "잘 잤니?", "배고프니?" 정도의 생활 영어만으로는 아이가 접하는 어휘나 문장 수준에 한계가 있기 때문에 다양한 주제를 깊이 있게 다루는 콘텐츠를 활용하고자 했습니다. 영유아 시기인 현재는 그림책과 노래를 중심으로 영어를 사용하고 있고, 아이가 자라면 긴 소설이나 영화 등을 함께 볼 계획입니다. 저희 가정에서는 엄마인 제가 좋아하는 것이 문학이므로 이 방식이 가장 자연스러운 시나리오라고 생각됩니다. 만약 아이가 스포츠나 요리를 좋아하는 가정이라면 관련 영어 콘텐츠가 많은 야구, 풋볼, 요리 등을 통해 이중 언어 환경을 조성해 볼 수 있겠습니다.

압박 없는 이중 언어 환경 조성

세계의 많은 가정이 다문화 환경에 놓여 있습니다. 그 가정의 아이들이 모국어 습득이나 정서 발달에 큰 문제를 보이지 않는 것을 보면 이중 언어를 구사하는 것 자체가 아이의 발달에 악영향을 준다고 보기는 어려울 것 같습니다. 하지만 아이의 성격과 기질에 따라서는 우리말과 영어처럼 너무 다른 두 언어를 이른 나이에 동시에 습득하는 것이 스트레스가 될 수도 있습니다. 저 역시 엄마로서 이 부분을 가장 걱정했기 때문에 아이가 영어 사용에 대한 압박을 느끼지 않도록 항상 신경 썼습니다.

우선 아이의 기질을 면밀하게 파악한 뒤 영어를 노출했습니다. 저희 아이는 의성어 의태어 등 다양한 소리에 관심이 많았습니다. 이런 기질이라면 괜찮겠다는 생각이 들어 점진적으로 영어를 들려주었습니다. 처음 한두 달은 마더구스와 그림책만 읽어 주었고, 이후 차차 일상 영어를 사용했습니다. 이때도 "영어로 말해 봐.", "이건 영어로 뭐야?" 같이 추궁하는 듯한 말이나 틀린 영어에 대한 노골적인 지적은 하지 않았습니다.

영어 그림책을 읽어 줄 때 아이가 "우리말로 읽어 줘."라며 영어를 거부하면 참을성 있게 기다렸습니다. 이런 현상은 주로 우리말이 급격히 느는 시기에 발생했습니다. 엄마 입장에서 불안한 것은 사실이지만 언젠가는 다시 돌아오겠거니 하는 생각으로 마음을 내려놓았습니다. 대신 평소에 아이가 좋아하던 영어 그림책 캐릭터의 봉제인형으로 역할놀이를 자주 했습니다. 부드럽고 포근한 봉제인형은 두 언어 사이에서 아이가 느끼는 불안한 마음을 위로해 주었습니다. 게다가 이 친구들은 영어를 쓴다는 인식이 있어서인지 아이는 인형에게는 영어로 말을 거는 경우가 많았습니다.

모국어와의 균형 잡기

이중 언어 환경이 아이들의 모국어 발달에 부정적인 영향을 준다는 우려가 있기도 하지만 저희 아이의 경우에는 영어 그림책이 우리말 습득에 방해가 되지 않았습니다. 오히려 영어 문장을 듣고 그럴듯한 우리말로 통역하거나 처음 듣는 우리말 문장에 대해 "이건 영어로 어떻게 말해?"라며 궁금해하는 등 두 언어가 서로 긍정적으로 작용할 때도 많았습니다.

제가 생각하기에 모국어 발달에 영향을 미치는 결정적인 요인은 영어를 언제 접하느냐가 아니라 주변 사람들과 모국어로 얼마나 진정성 있는 소통을 하느냐인 것 같습니다. 그래서 저는 평소에 아이와 우리말 대화도 많이 하고 우리말 그림책도 자주 읽는 편입니다. 물론 저도 아이에게 우리말보다 영어를 더 노출하고 싶은 유혹을 느낄 때가 있습니다. '여기서 조금만 더 영어 인풋을 주면 말문이 터질 것 같다.' 싶을 때, '우리말은 평소에도 항상 쓰지만 영어는 나랑 있을 때가 아니면 쓸 일이 없다.'라는 생각이 들 때 특히 그렇습니다. 하지만 그럴 때마다 〈현명한 부모는 아이를 느리게 키운다〉(신의진)라는 책의 한 구절인 "'조금 더' 가르치고 싶을 때가 멈출 때이다."라는 말을 의식적으로 되뇌며 우리말 그림책을 집어 들었습니다.

아이의 발화 특징

① 대화 상대에 따른 언어 전환

제가 일부러 구분해서 말하라고 알려 준 적이 없음에도 저희 아이는 언젠가부터 저(영어)와 다른 가족들(우리말)을 구분하여 언어를 전환하기 시작했습니다. 이런 현상이 처음 관찰된 것은 만 20개월 때였는데, 식사 후 아빠가 아이에게 "아가 입 닦자."하면서 입을 닦아 주자 아이가 저를 쳐다보면서 "엄마, 이럴 때 wipe라고 했던 거 맞죠?"라는 표정으로 "wipe~, wipe~"라고 말했습니다.

집 안의 물건을 지칭할 때 저에게는 항상 영어로만 가리키다가 다른 가족에게는 우리말로 부르는 경우도 많았습니다. 예를 들어 크기가 다른 장난감 자전거가 두 대 있었는데 저에게는 항상 "big bike", "small bike"로만 부르다가 아빠나 할머니, 할아버지 앞에서는 "큰 자전거", "작은 자전거"로 불렀습니다.

한창 역할놀이를 좋아하던 만 22개월 무렵에는 바나나 모형을 가지고 전화기처럼 놀곤 했습니다. 이때 저에게는 항상 "Hello~. This is Orori. can I speak to Elmo?"라고만 말하다가 다른 가족에게는 똑같은 레퍼토리를 "여보세요. 저는 오로리예요. 엘모 좀 바꿔 주세요."로 바꿔 말했습니다.

그림책을 볼 때도 비슷한 전환이 있었습니다. 만 23개월 무렵

저와 〈Mix it up〉이라는 그림책을 보다가 제가 식사 준비를 하느라 아빠와 교대했더니 책 내용 중에서 "Shake the book."은 "책을 흔들어 볼까요.", "Rub the dot."은 "문질러 보아요."라고 바꿔 말했습니다. 만 31개월에는 저에게 "Mommy, look at this!"라고 말하고 아빠에게는 "아빠, 이거 보세요!"라고 하기도 했습니다.

저와 아빠, 아이 셋이 함께 대화에 참여하는 상황에서 아빠가 우리말로 아이에게 말하면 아이가 영어로 저에게 말하는 경우도 있었습니다. 만 29개월 무렵에 제가 아이 과자를 집어 먹은 적이 있었는데 아빠가 "오로리야, 엄마가 네 과자 훔쳐 먹었어."라고 장난을 쳤습니다. 그랬더니 아이가 저를 보며 "Mommy, what did you steal?"이라고 반응했습니다.

② 우리말과 영어 간의 전환

아이가 우리말을 하다가 영어를 연상하는 것 같은 순간이 있었습니다. 예를 들어 산책하다 큰 나뭇가지를 들고서 "크다, 크다. so big."이라고 하거나(만 20개월), 〈곰세마리〉 노래의 "아기 곰은 너무 귀여워." 부분을 부르다가 "귀여워. Cute! Papa bear, Mama bear, Baby bear."이라고 영어로 전환하는 식입니다(만 22개월). 택배 상자에서 장난감을 꺼내면서 present라고 말해 줬더니 "선물, 선물!"이라고 우리말로 다시 말하거나(만 19개월), 〈내 친구거미〉라는 우리말 그림책을 꺼내 오면서 "My friend spider!"라고 하기도 하는 등(만 26개월) 한 가지 사물을 우리말 또는 영어로 들었을 때 다른 언어로 다시 말하기도 했습니다.

노래를 들을 때도 마찬가지였습니다. 만 26개월 무렵에는 "One little blue fish swimming in the water~ bubble bubble bubble pop!"이라는 가사의 영어 노래를 "파란 물고기가 수영을 해요. 거품 거품 거품 펑!"라고 스스로 개사해서 부르기도 했습니다. 만 29개월에는 〈Bear Feels Sick〉이라는 그림책을 읽어 주면서 아픈 곰에게 자장가를 불러 주자고 했더니(Would you sing him a lullaby?) 〈잘자라 우리 아가〉를 개사해서 "Goodnight my bear~."라고 부른 적이 있었습니다.

만 27개월 무렵부터는 우리말 그림책을 보다가 본인이 스스로 영어로 바꿔 말해 보기도 하고, 만 29개월부터는 일상에서 제가 우리말로 이야기할 때 "영어로는 어떻게 말해?"라면서 영어 표현을 궁금해하는 경우가 많아졌습니다.

③ 우리말과 영어 간의 간섭

흥미롭게도, 영어 단어를 그대로 우리말로 번역에서 사용하는 경우가 종종 관찰되었습니다. 예를 들어 만 27개월 무렵, 계란이 깨졌다는 표현(The egg is broken)과 장난감이 고장 났다는 표현(This is broken) 간에 간섭이 일어나서 다른 식구에게는 "장난감이 깨졌어."라고 한 적이 있었습니다. 'Open your eye'이나 'Keep your mouth closed'라는 표현 때문인지 우리말로 "눈 열어 봐./눈 닫아 봐.", "입 열어 봐./닫아 봐."라고 하기도 했습니다(만 29개월). 또, 영어로는 안경도 'put on(입다)'이라는 표현을 써서 그런지 "엄마, 안경 입어 봐."라고 말하기도 했습니다(만 31개월).

만 31개월에는 우리말과 영어를 새로운 방식으로 조합해서 문장을 만드는 현상도 관찰되었습니다. 아침에 졸려서 어린이집에 가기 싫다면서 "School is HATE!"라고 말했는데 '어린이집=(pre)school'과 '싫다=hate'를 조합해서 만든 것으로 보입니다.

④ 이중 언어 구사에 대한 스스로의 인식

만 29개월 무렵 아이가 저와 영어 그림책을 보다가 아빠와 산책을 나가게 되었습니다. 그때 갑자기, "엄마는 영어로 말하고, 아빠는 우리말로 말하고~"라는 말을 했습니다. 이것을 신기하게 느낀 아빠가 "그럼 우리 아가는 어떻게 말해?"라고 물어보자 아이가 잠깐 생각하다가 "나는 영어로도 하고 우리말로도 해!"라는 대답을 했습니다. 평소에 아이 머릿속에서 두 가지 언어가 어떻게 인식되고 있는지, 혼란은 없는지 항상 궁금했는데 이때의 경험을 통해 두 언어에 대한 아이의 마음을 알 수 있었습니다.

두 언어로 바라보는
세상

8세기 말 프랑크 왕국의 통치자 샤를마뉴는 "다른 언어를 할 줄 안다는 것은 두 번째 영혼을 갖는다는 것이다."라는 말을 남겼다고 합니다. 실제로 여러 언어를 구사했다고 알려져 있는 샤를마뉴가 어떤 맥락에서 그러한 말을 했는지는 명확히 알려져 있지 않습니다. 하지만 그의 치하에서 프랑크 왕국이 가장 번성하여 오늘날 서유럽 문화의 근간이 된 것을 보면 외국어에 대한 그의 시각이 대제국을 통치할 수 있었던 비결 중 하나가 아니었을까 합니다. 여러 언어를 구사한다는 것은 단순히 같은 말을 다르게 표현할 줄 아는 것을 넘어서 각 언어가 속한 문화를 포용하는 것이기도 하기 때문입니다.

제가 아이의 영어 습득을 지켜보며 소망하는 바도 이와 다르지 않습니다. 저를 '엄마!'가 아닌 'Mom!'으로 부를 수도 있고, 피부색이 다른 아이들과도 어울릴 수 있다는 것을 이해하는 아이로 자라났으면 좋겠습니다. 그리고 그 깨달음에 엄마와의 즐거운 기억이 더해져, 정신적으로 풍요로운 삶을 살아가기를 바라는 마음입니다.

개인적으로도 지난 몇 년간 아이와 함께 영어 그림책을 읽었던 시간은 무척 행복한 추억으로 남아 있습니다. 영어 그림책은 아이와 저를 이어 주는 보이지 않는 끈과도 같았습니다. 제가 없을 때 아이는 그림책을 보며 저를 떠올릴 수 있었고, 제가 돌아왔을 때 함께 그림책 이야기를 나누며 둘만의 비밀을 만들 수 있었습니다.

이 책에서는 이렇게 엄마의 사랑 속에서 자연스럽게 아이의 영어 감각을 기르는 방법을 최대한 상세하게 소개하고자 했습니다. 영어 감각은 우리말과 다른 영어만의 특징에 집중적으로 노출될 때 쉽게 길러집니다. 비언어적으로는 마더구스와 그림책 속 영미 문화에 친숙해지고, 언어적으로는 영어 특유의 문장구조와 소리 체계에 익숙해지는 것입니다. 이를 위해 엄마가 활용할 수 있는 영어 그림책과 음원 활용법을 저의 경험과 함께 구체적으로 전달하려 노력했습니다. 엄마와 아이 모두 행복한 엄마표 영어를 하는 데에 이 책이 조금이나마 도움이 되었기를 바랍니다.

참고 자료

- Barajas, Joshua. "8 Things You Didn't Know About Dr. Seuss." *PBS NewsHour*, 22 July 2015, www.pbs.org/newshour/arts/8-things-didnt-know-dr-seuss.

- "Carnegie Libraries: The Future Made Bright." *U.S. National Park Service*, www.nps.gov/articles/carnegie-libraries-the-future-made-bright-teaching-with-historic-places.htm.

- "Home | Smokey Bear." *Smokey Bear*, smokeybear.com.

- "John Newbery." *Wikipedia*, 30 Oct. 2023, en.wikipedia.org/wiki/John_Newbery.

- "John Newbery Medal." *Association for Library Service to Children (ALSC)*, 24 Mar. 2021, www.ala.org/alsc/awardsgrants/bookmedia/newbery.

- "Lexile." *Lexile*, 2019, www.lexile.com/.

- "Medals." *The Yoto Carnegies*. www.yotocarnegies.co.uk/about-the-awards.

- "Mother Goose." *Encyclopedia Britannica*, 9 Dec. 2023, www.britannica.com/topic/Mother-Goose-fictional-character.

- "Randolph Caldecott Medal." *Association for Library Service to Children (ALSC)*, 24 Mar. 2021, www.ala.org/alsc/awardsgrants/bookmedia/caldecott.

- "Renaissance." *Renaissance*, 2016, www.renaissance.com/.

- Schumm, Laura. "Was There a Real Mother Goose?" *HISTORY*, 23 Aug. 2018, www.history.com/news/was-there-a-real-mother-goose.

- "Space Camp Programs." *U.S. Space and Rocket Center*. www.rocketcenter.com/SpaceCamp.

- "Theodor Seuss Geisel Award." *Association for Library Service to Children (ALSC)*, 24 Mar. 2021, www.ala.org/alsc/awardsgrants/bookmedia/geisel.